生死溝通

你深愛的親友是否平安抵達永恆之地，
揭開靈界接觸與靈覺啟發的面紗！

暢銷紀念

Bridging Two Realms

約翰・霍蘭德 John Holland——著　余佳玲——

Hay House　https://www.hayhouse.com/

最猛職人 27

生死溝通

你深愛的親友是否平安抵達永恆之地，揭開靈界接觸和靈覺啟發的面紗！

原書書名 Bridging Two Realms
作　　者 約翰・霍蘭德（John Holland）
譯　　者 余佳玲
封面設計 林淑慧
特約美編 李緹瀅
特約編輯 黃　琦
主　　編 高煜婷
總 編 輯 林許文二

出　　版 柿子文化事業有限公司
地　　址 11677 台北市羅斯福路五段 158 號 2 樓
業務專線 （02）89314903#15
讀者專線 （02）89314903#9
傳　　真 （02）29319207
郵撥帳號 19822651 柿子文化事業有限公司
投稿信箱 editor@persimmonbooks.com.tw
服務信箱 service@persimmonbooks.com.tw

業務行政 鄭淑娟、陳顯中

初版一刷 2020 年 03 月
二版一刷 2023 年 12 月
定　　價 新台幣 480 元
I S B N 978-626-7408-02-5

歡迎走進柿子文化網 https://persimmonbooks.com.tw
～柿子在秋天火紅 文化在書中成熟～

國家圖書館出版品預行編目（CIP）資料

生死溝通：你深愛的親友是否平安抵達永恆之地，揭開靈界接觸和靈覺啟發的面紗！／約翰・霍蘭德（John Holland）著；余佳玲譯．-- 初版．-- 台北市：柿子文化，2023.12
面；　公分．-（最猛職人；27）
譯自：Bridging two realms : learn to communicate with your loved ones on the other-side
ISBN 978-626-7408-02-5（平裝）
1.CST: 通靈術 2.CST: 靈界
296.1　　112018837

本書足以彌補眾多人的心

每個人都對死後的靈界有探求的心，而這樣的心必須被安撫與填補，所以，我們在生命停駐之時會不禁反思：此生的意義為何？

如果僅是一般的尋常人，多會對靈媒深感好奇，好奇他們對「往生者會跟他們說什麼？」的「意識交通」問題會不會害怕？未對靈好奇的人，生命則保留著一大片空白，這是人的本性。自從出版「我在人間」系列書籍以來，我發現眾多讀者對此領域有著如飢似渴的求知欲——不論他們的身份為何。足以顯示，人們企圖從靈媒身上得到一絲絲能夠填補失衡內心的力量。

或許並非人人都有一窺靈界的能力，但是我相信本書足以彌補眾多人的心。我欣賞作者從上萬人讀者、個案身上，以清晰的思維爬梳出對死後世界的輪廓描繪，那是平實的。我喜歡，也推薦給你。

——宇色，「我在人間」系列作家

這本書不會讓你空手而回

對於有喪親之痛，或者是尋求精神指引的人，本書將提供極大的撫慰和療癒；對於懷疑的人，本書也可以提供極佳的神祕感應案例，值得研究與深思。我個人偏愛七七、一〇

三、一五八、二七七、二九一頁的精彩描述。如何正確解讀這些案例，將是破解心靈奧祕的關鍵，大家可以仔細思辨書中的各種說法，或可獲得更深刻的啟發，不會空手而回。

——成和平醫師，超自然研究家、《科學也可以有靈性》作者

你可以建造的那座橋……

你可以建造的不僅是通往你自身靈性的那座橋，或許還可以聯繫上已經過世的親人。

——李嗣涔教授，台灣大學前校長、暢銷書作者

知性、感性、故事性兼具的好書

針對陰陽界的溝通，作者分享了豐富的實務經驗故事，並整理出清晰的觀念及練習技術，是本知性、感性和故事性兼具的好書！

——周介偉，光中心創辦人

存而不論的靈界與夢境

我是家醫科和安寧緩和醫學專科醫師，從事安寧療護、陪伴末期病人與家屬已二十多年。民國八十五年八月我在花蓮慈濟醫院開創心蓮病房，民國九十五年一月在衛生署花蓮醫院開創安寧病房，是台灣屈指可數開過兩個安寧病房的醫師之一。接受安寧療護的臨終病人有時會出現「臨死覺知」，看到活人看不到的事物和場景，而我看不到靈界，所以對此一直

很好奇。這些看不見的事物可能存在，但我的能力不足以辯論其真假，必然要虛心以對，是以抱著「存而不論」的態度——這是恩師余德慧教授的教導。過去長年在安寧病房上班、值班，「夜以繼日」地陪伴臨終病人，卻始終沒有能力或機緣看到那些不同的存在，據說是因為我的八字重。

作者霍蘭德說「我們之中有許多人時常在睡夢中造訪靈界」，可惜我睡眠不足又幾乎不做夢。古人說：「至人無夢。」我不是「至人」，只是「失能」——失去生物本能的直覺力。古人說：「人生識字憂患始。」我應是識字太多，才內憂外患不止。我一直在思考：夢境和靈界都無法重現與再製，像虛擬實境（VR）、擴增實境（AR）、如電影般讓眾人觀賞或體驗，是故言者諄諄而聽者藐藐，就算睡醒還記得夢境，講給你聽，你也無法身歷其境！

靈界、修練與通靈師

作者還提到凱爾特傳說的「交界之地」，據說「天國與塵世只相隔三尺之遠」，而世上某些地方讓人特別有感應，比較容易進入靈界，可能就是在「交界之地」。我極少外出旅遊，也無特異功能，沒經驗，自然無法驗證。不過，我相信有靈魂或靈體，可惜現代人凡事求快，靈魂被遠遠拋在身後，變成「無魂有體親像稻草人（台語）」或「行屍走肉」。

霍蘭德認為：通靈師和靈媒不同，而通靈師不會召喚死者，是靈體召喚通靈師。他介紹了許多通靈方式，還教讀者如何辨認真偽。但你若和我一樣，對這世界和未知充滿好奇，請好好閱讀這本書。我沒有感應能力，直覺不夠敏銳，但你若和我相反，可能更需要學習這本書，鍛鍊開發自己的精神能力，包括「看到（天眼通）」、「聽到（天聽）」、「感覺到（超覺知力）」。

臨終影像與臨死覺知

《生死溝通》中提到的「臨終影像」，就是安寧療護的「臨死覺知」。我在民國八十七年八月出版《心蓮心語——安寧療護與生死學》就已將臨死覺知分為三大類：「自知時至」、「若有所見」、「若有自覺」。臨終影像是我界定的第二類「若有所見」，這並非怪力亂神，美國也有臨死覺知的例證。從我安寧療護的實際經驗來看，臨死覺知經常比「臨終徵象」更能預測死亡。以下節錄一段當年的文章——「以我在心蓮病房的照顧經驗，可以分為三類。第一種（最高段的）病人，能『自知時至』，主動告訴家屬或醫護人員：還有幾天或指出某月某日將會死亡，而且真的是『鐵口直斷』。第二種病人『若有所見』，看見已往生的親戚朋友來看他或說要帶他走，沒有多久就去了。第三種病人『若有自覺』，在生命的最後幾天會吵著要回家，回到家有時病情會稍微好轉，就是一般常說的『迴光返照』，然後時候一到就永別了。這些都是『臨死覺知』。」

本土化的悲傷關懷

家屬一般都寧願相信有靈界，以撫慰失去親人的悲傷；而家屬也得相信有死後世界，才會去進行本土化的悲傷關懷儀式：牽亡與觀落陰——這些和「信我者得永生」、「只要相信，必能看見」同樣的道理。作者說：「我認為愛的能量是存在於整個宇宙中最強大也最具癒療作用的力量。」我非常認同，多年前就寫過〈因為有愛，所以悲傷〉的文章。

《生死溝通》提到：生前未完成的，死後透過靈體或靈力來彌補——這是安寧療護推廣「四道人生」：道歉、道謝、道愛、道別。但若生前就做好「四道人生」，儘早完成「人生三件大事：交代後事、完成心願、了結心事」，就不用等到死後還要回來彌補。書中還提到「透過夢境進行死後溝通」，台灣人稱「託夢」，我認為若沒把握死後仍保有對在世親人託夢的能力，最好生前就把事情都交代清楚。科學是對世界的理性解釋，有科學無法解釋的事物，才有未來的發現和發明之可能。我自己有個假說：造物者為了保護人類，所以多數人活著都「看不到」；臨終者逐漸脫離現世，即將進入新世界，因此會打開第三隻眼，看到另一個本來就與現世並存的世界。也因此，我演講安寧療護時常開玩笑說：「假如你臨終前應驗我的假說，請記得傳簡訊給我，不然就要等死後託夢了。」

——許禮安醫師，高雄市張啓華文化藝術基金會執行長、台灣安寧緩和醫學學會

一開始讀就會停不下來

不要輕易開始讀它，如果你沒做好透徹探索死後世界的準備。如同人生呱呱落地就無法回頭一樣，這本書一旦開始讀就會停不下來。

——謝明杰，《老神再在》系列書籍作者

具名推薦

Asha，高靈訊息管道、身心靈作家

宋亞樹，《神都聽見了嗎？》暢銷作者、《通靈少女》影劇小說文字協力

國際好評

由極富天賦的知名通靈師約翰・霍蘭德所撰寫的這本綜合指南，有助於大家了解並培養自身的直覺能力與通靈技巧。《生死溝通》是一本非常實用的手冊，其中充滿了動人的故事並介紹了許多相關技術與練習。我高度推薦這本書！

——布萊恩・魏斯（Brian L. Weiss）醫學博士，《前世今生》作者

這本書極其精采！

那些已經離世的人想必正在大聲疾呼要我們閱讀這本書，以便明瞭他們真的確實存在。他們想要我們學會聯繫他們的方法——而這本書告訴了我們怎麼做。我很喜歡這本書所具有的許多特點，但其中最值得注意的是，僅僅是閱讀這本書就能夠開啟一扇神祕的大門，讓與在彼岸的親人聯繫這件事變得容易許多。兩界的阻隔變小，而天國的光在你的生命中也閃耀得更為明亮。

你的親人真的只在一念之外，而《生死溝通》能夠打開那些天國的門。我高度推薦這本好書！

——丹妮絲・琳恩（Denise Linn），《神聖空間》作者

如果有人想要開發自身的通靈能力同時建立起與靈界之間的聯繫，《生死溝通》是不可或缺的一本書——這本書就通靈的進行流程提供了清楚而充分的資訊。約翰・霍蘭德也向那些失去親人的人說明了他們可以如何自行與已經離世的親人進行靈魂對靈魂的聯繫，使得我們能夠在陰陽兩界之間和他們維持著某種新關係。這是一本很棒的參考指南，你會再三回頭閱讀。出色的傑作！

——珍妮特・諾哈維克（Janet Nohavec）牧師，「內心旅程教堂」牧師及《陰陽兩界交會處》作者

知名的通靈師兼精神導師約翰・霍蘭德將來自於往生親人的訊息帶給世界各地的觀眾與委託人，消弭了天國與俗世之間的間隔。約翰引領讀者踏上了一趟旅程，透過死後溝通來了解其他次元的情況。

此外他也傳授了其他許多主題的相關知識，例如我們現有的化身、靈性體、哀傷、輪迴，以及如何運用我們自身的心靈能力。明白意識在死後會持續存在讓人得以摒棄傳統的迷思，發現一個新的世界，我們進而在其中認識到「不必畏懼死亡」、「我們從未孤單一人」，以及「靈魂會永遠存在」。

我高度推薦這本書，不論是對那些正在為失去親友而哀傷的人，或是如果有人期望深入了解在我們離開自己的肉體後會出現什麼情況……，這本書都能有所助益。

——艾妮塔．穆札尼（Anita Moorjani），《紐約時報》暢銷書《死過一次才學會愛》作者

《生死溝通》是最完整、最有根據、實用且最具啟發性的指南之一，能夠引領你探索在任何地方都可以發現的神祕領域。假如你渴望能夠與那些在靈界的人建立起私人的聯繫，約翰・霍蘭德的書將適切地開啟那扇門，帶領你輕鬆跨越兩界。這是一本很出色的指南！

——桑妮雅・喬凱特（Sonia Choquette），《邀請你的指導靈》作者

約翰・霍蘭德是世上最受尊敬的通靈師之一。現在透過《生死溝通》這本書，他幫每個人都打開了那扇門，讓人們能夠了解神靈、死後的生活，以及任何人都可以和往生的親人建立起聯繫。

這本書對於靈界有精采的探究，引人入勝、使人安心，是每個人都必讀的一本書！

——杜格爾・福瑞澤（Dougall Fraser），《你的彩色人生》作者

《生死溝通》就與靈界溝通方面提供了新鮮又全面的觀點。約翰・霍蘭德具有獨特的能力，能夠以他踏實的風格向所有對死後世界感興趣的人傳達最深入的資訊。我真的從未見過任何描寫連結陰陽兩界的書比這本書說明得更為詳盡，涵括範圍更為廣泛，這本書有可能

改變你的一生！不論你有興趣的是精神通靈能力、死後生命的證據，或是撫平你的悲傷的方法，約翰這本珍貴的傑作都能夠滿足你的要求。

——莫琳・漢考克（Maureen Hancock），通靈師及《通靈師鄰居：鬼魂傳訊人的現實生活經歷》作者

謹以本書獻給：

神靈、

在我之前已將道路鋪好的古今通靈師，

以及我的學生——

願你們永遠相信，

曉得你們的指導靈與靈魂幫助者絕不會讓你們失望。

境界二 「搭橋」的通靈師

有一種特殊的語言能夠超越時空——
這種語言不會被言詞的限制所拘束，
而是由記號、符號、能量與思想所構成。
唯有在你真正留意時，
才能聽見且看見這種語言……
那是神靈的語言。

——約翰・霍蘭德

引言（本書內文出現的阿拉伯數字頁碼索引為附錄詞彙解釋的頁碼）

不只與靈界溝通，也和自我的靈性溝通

這本書為什麼吸引你，可能有許多原因——或許共時性在其中發揮了部分作用，就是在這種作用之下，這本書不知怎麼地找到了你！

可能是因為你經歷了失去而正身陷哀痛，你在尋求安慰、希望與激勵的話語。你在找尋答案，不顧一切地想相信有靈界[P299]的存在。你想知道親人是否平安度過了死亡，現在既安全又快樂。

同時，你可能也想知道是否真的有可能跟身在彼岸的那些人聯絡。也許你正在想辦法自助或助人，努力汲取知識以了解在我們離開這個世界後會發生什麼事。

或許你是有了自身的通靈體驗，因而正在尋找答案。或許在你的靈魂[P299]之中有某種東西正在騷動，你因此產生了興趣，想要學習如何自行與更高的靈進行親密接觸。

不論你是正在進行通靈研究的學生還是通靈師[P298]，不論你抱持的是相信或懷疑的論點，是失去了親人或僅是出於好奇，我是以相當慎重的態度寫下這本書，目的在於提供大家許多有用的資訊，將所有資訊統整在一本書裡。

我希望這本書能夠成為一個起點，對於大家可能一直抱持著的、又或許是長久以來的諸多疑問，能從中得到部分的解答。

我是誰？

現在我已經明瞭，從童年時代開始，我就是一隻腳踩在這個世界上，另一隻腳跨入了隔世的人。早在年紀還很小時，我就知道自己和家裡的其他人「不一樣」！

我是個很敏感的小孩，生來便具有通靈能力——在人生相當早的階段就展現出來了。我就是能知道其他人不知道的事！親人生病時我會知道，即使他們住在美國的另一個州；我會告訴父母家裡是否會有意料之外的訪客；有時我甚至能確切知道人們心裡在想些什麼。

更有甚者，在某些晚上，當我還醒著躺在床上時，我會看到「靈人」P299從我的臥室走過。這些人身形模糊卻發著光，面容極其和藹，還有光輝環繞在他們的四周。從我和他們進行的第一次接觸開始，我就知道，**他們的出現不是為了嚇唬我**——事實上，他們是專程來看我的。有些人表現得十分熱情，有些人僅是點個頭，跟我快速地打招呼。我不知道這些人是誰，但奇特的是，他們的存在讓我有**受到撫慰與保護的感覺**。

對我來說，這一切再正常不過。我從未實際上受到驚嚇，因為我生來便擁有這種少見的能力，所以，我怎麼可能會為了這種從未自我身邊消失的情況而害怕？當我漸漸長大，這些直接發生在我眼前的一切，讓我變得更加著迷於存在於物質世界背後的萬事萬物。

甚至在還年幼時，我便知道人生不是僅有這一世。我可以看到有另一個世界的存在，而大多數人卻都察覺不到那個地方。關於不同宗教、聖人、天使P295、靈魂、輪迴、靈魂出竅與魔法的深奧主題，對我具有極其強烈的吸引力。在童年時期，親友們老是看到我蜷曲著身子，目光不離書本——關於這類主題，我會盡可能地什麼資料都看。

當時的我，怎能料到我是在以某種方式為自己成為一名通靈師暨導師做準備，而最終會有成千上萬人受到我的幫助？現在，我將大部分的時間與精力都用在教育大眾上。透過我的公開通靈演示、進行私人的一對一感應與工作坊，讓我能夠以謙卑、傳遞知識與經驗的角度，對大眾說明通靈與靈界的複雜問題與機制。

我覺得，若能在每次進行通靈演示時，確保於開始時先來段簡短輕鬆的談話，會對演示有相當大的助益。我發現在場的觀眾都很享受這樣的聊天，會覺得頗為有趣。閒聊的內容包括我怎麼進行通靈，或我也可以分享一些與從前我曾傳遞過的訊息有關的故事，讓觀眾可以感覺比較自在，也了解接下來的過程會怎麼進行。此外，我還會試著傳授我在開發自己能力時所領悟到的靈性哲學。這麼做有兩個理由：首先是讓觀眾明白整個流程，其次是讓那些沒得到訊息的人至少能帶些知識與啟示回家，進而將這一切應用於自己的生活中。

我也經常致力於帶給觀眾歡笑。是的，我知道失去重要的人不該是件好笑的事——我也曾經歷失去的痛苦，然而我想要告訴大家：**我們的親人想要我們能夠快樂，並且繼續活下去，直到再次與他們相會**。此外，在有人笑的時候，這種氛圍能夠使他們放鬆，也有助於開啟通往彼岸的那扇門。讓失去親人的人面露微笑，有些人甚至會笑出來，沒有什麼比看到這種情況更能讓我感到歡喜了；你可以確實目睹他們臉上的痛苦慢慢消失，這可能是數天、數週或甚至數個月以來，他們首次讓自己感受到並且表露出欣喜的情感。這一切，都有助於演示的順利進行。

有時靈魂會排隊等候，亟欲獲得我的注意，渴望與他們就在觀眾中的親友交談。當一切同時顯現，呈現出來的訊息經常是美不勝收，望之令人著迷。有些訊息甚至會使我落淚，尤其是在關係到孩子的時候。這些對所有人來說都是既溫柔、真誠又親密的時刻。

真不敢相信時間已經過了這麼久了，我的第一本書《生而知之》出版於十七年前的二○○三年，這本書分享了我是如何發現、接受並開發自己通靈天賦的故事。在接下來幾年，我又出版了好幾本與這個主題相關的書籍與幾套神諭卡牌。

對於自己能有這個殊榮遊歷世界各角落，在美國、英國、加拿大與澳洲各地對許多觀眾演講並且展示天賦，我滿懷感激。藉由演示我的通靈能力，我得以幫助成千上萬人從遭遇失去的痛苦中痊癒，得以繼續平靜地過自己的生活。我將一生奉獻給神靈P297（一般又稱為造物主、宇宙和起源）及心靈開發的傳授工作；我對大眾講述靈性的各個面向與靈魂的力量，向人們展示：**想要喚醒潛伏在我們所有人體內的精神力量，是可能的！**

內在與全球的轉變

我相信從我出版第一本書開始，已經有某種劇烈的變化產生。我注意到在人們體內發生了某種內在的轉變——儘管眾人並不了解原因為何。難以理解的超自然主題對人們總是具有強烈的吸引力，但如今有更值得注意的關注熱潮正在浮現。不只是一般大眾對於靈性、心靈相關主題與來世的興趣增加，世界各地對於人類意識的體悟也都異常地有所提升。

不久以前，人們還滿足於直接造訪直覺師或通靈師，請他們進行感應，希望藉此得到一些所需的人生指引。有人會尋求靈媒P299的幫助，期盼能夠收到來自他們已往生親友的訊息。然而，現在**人們想要更多**。他們在挑戰從前所秉持的觀念，並且提出能夠激發思考的問題，例如——

- 我的親人既已過世，他們現在在做些什麼？
- 他們是否仍然可以感覺到並且聽見我傳達給他們的想法與禱告？
- 靈界是否正以某種方式逐漸靠近我們的世界？
- 我覺得自己跟在彼岸的人有聯繫，那麼，這是否代表我也成了靈媒？
- 我為什麼最近這麼敏感，我該怎麼處理這種狀況？

整個社會究竟發生了什麼事？情況是否可能是，我們仍在質疑自身存在的本質，而我們自身的靈性卻益發成為我們生活的重心？人類體內的精神能量[P298]是否日益成長活躍？我認為，事實上是我們的意識正在產生劇烈變化。我感覺到我們的身體正變得愈來愈敏感，對我們周遭的物質世界與靈界是如此，對彼此當然更是如此。**我們所有人都連結在一起，作為一個種族，我們正在以某種方式進行「靈性覺醒」**。

這一切激勵了我，讓我在此刻寫下這本書。我想在一本書中盡量提供足夠的資訊，以便盡可能幫助更多的人。我想幫助失親者了解，**在肉體**[P296]**死亡後，生命依然存在**。我想提供證據證明靈界的存在，並且說明在那些靈魂的國度會是什麼情況。我想讓大家知道，你們的親人只在一念之外，你們還是能夠跟他們聯繫，並透過這種方式提供撫慰。他們仍舊在我們身邊，而且經常試著接觸我們，提供他們的愛與支援。而當你自己或你又有親人遷往彼岸的時刻來臨，他們的存在有助於減少你的憂慮。

你可以期待些什麼？

在《生死溝通》一書中，我想分享自己的一切所知，書中內容源自於我數十年的親身經歷，以及曾經觸動我人生的那些人、他們所帶來的許多激勵人心的故事與現實生活案例研究。本書通篇都是能夠引起我共鳴的哲學與精神信念，同時將我從靈人那裡所聽到與學到的每件事，與我至今所領悟到的一切加以整合，從本書中，可以得到任何人所能得到的關於靈界的最清晰描繪之一。我希望，這本書能夠幫助大家**以安全而明智的方式進行自身精神能力的開發**。

考慮到這或許是大家第一次閱讀這種性質的書，且這本著作尤其特別，為了發揮它的作用，我想讓各位讀者先理解關於**神靈**、**靈體**P299與**靈魂**等詞語的定義。這三者我在這整本書中都會提到。

- **神靈**：這個詞代表了造物主、神聖之源及宇宙。我們所有人的體內都居住著神靈的火花；那是生命的原力，是維持生命所需的能量，能夠賦予所有生命活力。
- **靈體**：根據定義，這個詞意指不再擁有身體的個體。居住在靈界的就是靈體。
- **靈魂**：為了達到本書的目的，這個詞必定會與「靈體」一詞互換使用。不過，我還是試著說明一下：**靈魂就是真正的你——純粹的意識體**。進入輪迴的就是靈魂，在靈魂的內部保留有不同人生的所有不同化身P296與記憶。

在我的其他書中，有部分內容曾有人告訴我特別有用，我已將這些內容都納入本書之中並加以補充。就本書而言，某些範圍的資訊十分有幫助，尤其是精神與通靈相關訓練，因此值得重複收入書中——對那些積極開發探索自身精神與通靈潛能的人來說，這些資料尤有用處。如同我先前所提，我知道這可能是某人初次閱讀我的著作之一，因此，我想要盡我所能地納入更多有用資訊，以便讓本書能夠更全面地呈現我的講授內容。

我希望本書能夠滿足你此刻的需求，不論是提供你**看待世界的新角度、面對人生的新方法**，或者只是自己剛開始**進行自身靈性的喚醒**。最後，我希望本書能夠證明，**通靈不僅僅是在與靈界溝通，同時也是在幫助與治療活著的人**。讓所有人都能明瞭，它可以建造的不僅是心靈的橋樑，幫助大家聯繫上已經過世的親人，還有最重要的一座橋：就是通往你自身靈性的那座橋。

境界 一

靈界與塵世

第一章

你真正的家

關於靈界，許多人有不同的觀點或說明，主要取決於各人的宗教傳布內容、信仰及社會薰陶。然而，我們永遠不會真正知道那裡會是什麼情形，直到我們離開這個物質界，親身進入靈界。

有個非比尋常的地方，許多人都曾琢磨或想像過那裡的情景；沒有太多人談論過它，但有朝一日我們全都會認識那個地方……，而且是**再一次認識**。

天國、**香格里拉**、**伊甸園**、**永恆之地**、**彼岸**，以及甚至**樓上**等等，只是常用來指稱靈界的部分名稱。然而，對我們之中的許多人而言，我們很少公開提及這個特別又神祕的地方，反倒很可能是隱密地藏在自己的腦海中，私底下琢磨或想像這個特別的地方可能會是個什麼模樣。

這些靜默沉思的時刻讓我們得以明瞭，將來有一天，我們會**親身**認識這片土地……，而且是再一次認識。

靈魂生而不滅

身為執業靈媒，有一個問題以壓倒性的次數一再被人提出詢問：「既然我的親人已經離開這個世界，那他們現在在哪裡……，他們的日子是否平靜？」這是個十分有深度的問題，而它的答案也同樣的複雜。

在我回答這個重要的問題之前，我會先試著幫助人們了解，**所有人其實都是帶著身體來到世間的靈魂**——而不是帶著靈魂來到世間的身體。一開始，你就是一個靈魂。靈魂是永恆的，絕對不會死亡或消逝。**靈魂才是真正的你，由純粹的意識所構成**。在你進入這個世間的很久以前，你就已經是個靈魂了，而在你離開這個身體返回靈界這個家園的很久以後，你仍舊會是個靈魂。

人們對於靈界的想像與詮釋有諸多樣貌，從鬼氣森森到美如天堂都有。

關於靈界，許多人有不同的觀點或說明，主要取決於個人的宗教傳布內容、信仰及社會薰陶，但太多人受到小說、電視節目與電影的影響，這些媒體會以過度戲劇化的方式描繪彼岸。然而，**我們永遠不會知道那裡會是什麼情形，直到我們離開這個物質界**P297，**親身進入靈界，方能真正知曉**。

我確實認為靈界是我們真正的家，而我們在那裡的親人也不會再受病痛所苦。他們不再受苦，不再痛苦。更重要的是，他們可以獲得圓滿，能夠與先他們一步到達那裡的家人和朋友重逢。是我們這些留在這裡的人因為失去了某人而感到痛苦、因為在物質層面上失去了我們深愛的某人而哀痛不已。

描繪靈界的各種說法

身為人類，我們耗費大量時間精力試圖解釋和理解自身對於死後生命的看法。這世上有各式各樣的哲理、觀點和角度可用於說明這個棘手的主題，而且整個思維過程可能相當具挑戰性。但是，其實不可能有任何人能提供絕對的決定性物理證據來證明靈界的存在，因為靈界是坐落在這個物質世間的範圍以外。

不過，有愈來愈多人站出來，描述他們是怎麼在臨床上死亡，卻又起死回生被救活。他們曾短暫地過渡到彼岸，對於期間曾看到與經歷的一切有著鮮明的記憶與印象，並帶著這些記憶與印象回到這個物質界。

許多人談到感覺，比如說覺得離開了他們的肉體，心靈覺得平靜，或甚至從畢生病痛帶來的痛苦中解脫，這些事件就稱為「瀕死體驗」P298（在第七十八頁的「接觸寶貴的瀕死體驗」，我們會討論到大家可以從瀕死體驗中學到些什麼）。

在描述靈界時，我根據的是自己的研究結果與經歷，以及自己從那些靈人身上所蒐集到的資訊，他們會向我形容他們在靈界的生活。即使我從事這個行業的時間很久很久了，我依然會沉迷於靈人們述說他們回到在靈界的家以後所度過的時光。

聆聽他們是和誰在一起，他們身處的環境如何，以及他們仍看得到他們的家人與朋友在物質界這裡所發生的情況，是件令人感到欣喜的事。能夠擔任現世與來世之間的橋樑，讓大家明瞭**每個人從來都不是真的孤單一人**，永遠是一種榮幸與特權。

接下來，就讓我們深入了解彼岸的情況。

靈界坐落在哪裡？

你是否曾經見過某人祈禱，或是聲聲呼喚他們已經過世的親人？人們雙手緊握在一起禱告，同時抬頭仰望，這副情景對你來說應該相當常見。他們或許也可能只是看著天空，對著親人大聲呼喊。然而，我認為**靈界並不在「天上」，而是就在這裡**，在我們所在的地方，在我們的四周。靈界並不在雲層之外，也不在成千上萬里遠的某個遙遠地方；它比你所想像的可能都要來得近。

在靈界，時間作用的方式也不一樣。因為人類擁有善於分析的頭腦，並按照固定的時長在過日子，一天二十四小時，每小時六十分鐘，我們被時間本身所掌控。

事實上，是人類發明了線性時間的概念的。許多人無時無刻不在擔心自己快要沒有時間——這證明了時間在我們的生活中有多麼大的影響力，但是，時間在靈界裡毫無意義；靈界這個地方並不會受到時空的限制所拘束。

分隔靈界與地球[P296]的，並非是我們所了解的傳統距離，更無法用英里或公里數來衡量，而是在於界定，我更喜歡將這個被稱為「彼岸」的靈界，界定成另一個維度、世界，或是領域。

所有事物都是由能量所構成，並且以自身獨特的頻率在振動，靈界也是如此。在我們所在的三度空間星球——地球，振動的頻率較低，靈界振動的頻率則比我們高出許多。由於靈界的振動頻率極高，因此我們用肉眼無法看見它內部的情況。

我們之中的大多數人都看不到靈界，但這並不會在任何狀況下削弱靈界的真實性。曾有人罕見地瞥見過彼岸，包括那些經年累月訓練自己天眼通能力P295的人、那些有靈魂出竅能力或經驗的人、生來便具有高度感知能力的人，以及那些曾經死去而又回來的人。

靈界空間的逐一進階

靈界是由許多意識層面與振動速率所構成。由於靈界就在我們的周遭，以不同的意識狀態與我們的世界交織融合，因此並無法在某個物質地理位置找到靈界的存在。當我們進入靈界，會通過這些不同層面，每個層面都會以比前一個層面更高的頻率在振動。

我們自身的振動會隨著我們往上移動到下一個層面而頻率漸增，我將這種情形比喻成搭電梯向上經過一個一個樓層，就如同我們通過一個又一個層面。這些層面的位置是一個疊著一個，從振動環境最稠密的層面（物質界）到振動環境最不稠密的層面（天界P295）。

以下是我所能提供的最清楚說明，以幫助大家了解各界的情況，以及這個非物質宇宙的運作方式：

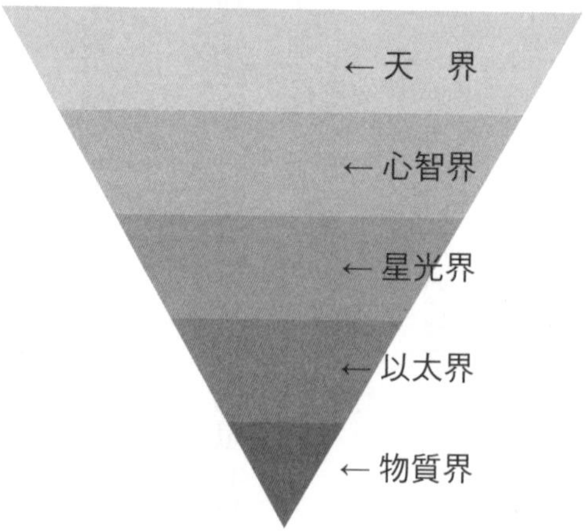

從物質界起始

物質界位於底層，就是我們所有人現存的這片土地。

物質界是所有層面中稠密度最高的，在這裡分子振動的速度最慢，物質是固定不變的。在這裡，時間成為主導事件的規範。

我從作為一名通靈師的經驗當中體認到，彼岸之人必須大幅降低自己的能量，才能夠與身在此處的通靈師聯絡溝通。我為了讓自己能夠與他們交流，就必須提升自己的能量或振動頻率——這個「加速」的過程不僅是在心境上，也與自律有關，我花了許多年才使這個過程得以完善。

隨著那些彼岸之人降低他們的振動頻率，而我提升自己的頻率，讓我們得以在中途聯繫上，他們的能量與我的能量交融，將他們的想法、話語和感覺傳遞給我，再由我轉達給他們的親人。有時我會很難保持與他們的聯繫，因此我必須真的很專心，壓抑下任何其他無關的思緒。我確定，對那些靈界之人來說，他們在透過像我一樣的通靈師進行溝通時，長時間降低自己的能量也同樣極具挑戰性。

當建立的聯繫開始瓦解時，會產生一種奇特的感覺。他們會往後退，而我可以感覺得到他們緩慢地回復到他們的頻率。如果拿無線電廣播來當比喻，就好像音量正在逐漸調低一樣，也像是他們走回了電梯，向上回到他們自己的樓層。

以太界的暫時體驗

讓我們繼續往上，前往稠密度降低的下一個層面，我們接著來到**以太界**P295。在以太界，時間與空間開始變得鬆弛，變得較不一致，讓這個層面成為非物質世界和宇宙的起點。

由於與物質界緊密相鄰，因此在以太界，物體看起來仍是固體，而能量則受限於光速。在我們死去以後，通過這個層面的速度相對來說會比較快。然而，有時人們可能會在這個層面待久一點，猶如在做夢一般，直到他們更加察覺或意識到自己的新存在狀態，明白自己正要再次回歸靈界。

星光界的溫暖感應

下一個層面來到星光界[P297]，又稱作夏日勝地[P297]。在死後，我們會受到吸引而來到這裡；所有人終究都會來到此處。**在我進行通靈，與靈體交融時，我認為與我交流的親人就是從星光界將訊息傳遞出來。**

在這個奇妙的非物質層面，充斥著愛、療癒與憐憫的氛圍。若你在地球上還留有任何未得到解決的過往傷痛與其他挫折，星光界就是我們面對這一切的所在。我們可以趁這個機會檢視自己的生命如何對他人產生影響——不論這些影響是正面抑或負面；如果有需要，痊癒與原諒也是發生在這裡。你絕對不會在此地陷入孤單，會有許多親朋好友與指導靈[P297]協助你度過你的靈性成長階段。

有些靈魂可能會花點時間才能夠到達這個層面——就像他們的電梯暫停在樓層之間一樣，不過這種情況很少發生。我可以了解靈魂在離開塵世進行轉換時可能遭遇什麼樣的困難，但我也堅信在彼岸的人會伸出援手，在我們過渡到各個層面的期間助我們一臂之力。雖然有人曾有個別的體驗或抱持不同的觀點，但是我進行通靈已經超過二十年，在這段期間我個人是從未見過有靈魂被「困住」或「拘束」在物質界而無法前進。我真的覺得在造物主、起源、神靈的榮光、愛與悲憫之下，這種情況永遠都不可能發生。

曾有人問過我關於鬧鬼的看法。雖然我從未涉入或目睹鬧鬼的情況，不過我可以了解關於創傷事件的精神印象或情感可能如何殘留在場域裡，最終有如時間循環或壞掉的唱片一般不斷重現。**遺留下來的是情感——並非靈魂，我認為鬧鬼事件的數量不會多**。如果某人篤定有靈魂在糾纏著自己，很可能是有親人正試圖引起你的注意。因此，就我的觀點而論，**那是一次造訪，並非鬧鬼。**

心智界與天界的悠遠獨特

接下來會抵達的更高層面稠密度是最低的，也就是**心智界**P295與最後的**天界**。這兩個層面位在星光界之外，迥異於我們的世界，以我們的自身思維，甚至連理解這兩個層面是何模樣都會有困難。

不同的信仰教導人們，在心智界這裡，能量的移動已經超越速度的概念，而各種事物也都不會固定在任何一種形式。在這個層面，我們會取得移動及分割自身意識的能力，可以在同一時間身處許多地方。

最後是天界。繼續用電梯來比喻，這個層面就有如頂層的豪華套房。在這裡，能量完全沒有任何形態，並且擁有無限的能力。所有人、事、物都不是依據我們認知的應有形態而存在。時間與空間在這個地方根本無關緊要。

根據某些傳說與信仰，這個最高層面是處於神識狀態，有些人可能會將這個地方稱為「天國」——居住在這裡的是天人、導師、天界居民、指導靈，以及在某些信仰中名為「天使」的存在。我們可以從這些居民中的某些存在接收到訊息，儘管祂們身處在星光界之外。祂們之所以生活在更高許多的層面，是因為祂們存在於靈界的時間比較久，祂們的進化之路走得甚至更遠。我確信，即使祂們是較高的存在，但是在靈魂層面上，祂們也從未停止過提升自己的腳步，就像我們在做的一樣。

在我們的夢中

你知道嗎？**我們之中有許多人時常在睡夢中造訪靈界**。

我們的肉體必須有時間休息、再生、療癒並恢復我們的能量，否則便無法維持。睡眠在我們的日常作息與整體健康中是種極為重要的作用，而我認為，我們的靈魂也會利用這段時間進行類似的作用。當我們進入睡眠狀態（通常是在我們陷入最深的夢境時），靈魂會將自己與靈魂的外殼包裝（即肉體）分離，前往靈界進行恢復。在這段期間，靈魂仍舊會透過所謂的「銀線」P298（或「以太能量索P295」）與我們的肉體連結。

我們可以藉由做夢這種美麗的方式，將這個塵世與下一個世界相連結。許多人都曾描述過他們曾經在夢中與已經過世的親人說過話；如果我們是在這種猶如做夢一般的狀態中見到我們的親人，通常這只是一次短暫的造訪。他們會看起來更年輕、更健康也更有活力，因為這正是**他們在靈界中真正的模樣！**

隨著我們逐漸清醒，靈魂回歸我們的肉體，我們會感覺到連結開始斷去，猶如我們正逐漸鬆開的擁抱一般。人們會對我描述，當那次特別的造訪結束，隨著感覺慢慢消散，他們往往是在眼中帶淚的時刻中醒來。我還記得這種情況第一次發生在我身上的情景——

在我的母親過世後，我等了一年才跟她連絡上。在我們終於聯繫上時，我記得當我從這場特別的夢境中醒來，腦海中對於那太過熟悉的懷抱抱持著特別的印象，我可以感覺到她的愛，猶如她就在我身旁一般——至今，那種感覺仍舊銘刻在我的心上。

任何曾見過我演講和演示的人，都曾聽過我問我的觀眾：「在場的人有誰曾經夢見過親人？有誰曾經在夢中與親人擁抱？」通常會有一大堆手舉起來，伴隨著許多人點頭並露出笑容，證實他們也曾有過在夢中與親人相會的體驗。見到這種情況會令人特別感到振奮，而這正進一步證明了靈界的存在。

假如你夢見親人的那場夢真的是一次造訪，那很可能是一個令人開心、快樂的夢；相反的，若你夢到某人時的感受是悲傷或憂慮，那就不是一次真正的死後溝通P296**經驗，更可能是你仍在設法面對自己的喪親之痛**（我在一百零五頁會討論到什麼是死後溝通，以及如何加以辨識）。相信我，在你有經驗後，你就會知道什麼情況才是真正的造訪。這些造訪非常癒療並且珍貴！沒有人能從你身上奪走那種體驗，或者說那只是你的想像力在捉弄你，或說那只是你的癡心妄想！你會知道這些造訪是真實的，你的心感覺得出來。

好消息是：我們不用先死過一遍才能一瞥靈界的情況——即使我們仍身處這個塵世，我們也確實可以聯繫上我們已經離世的親人。

凱爾特傳說的交界之地

你是否曾有過這種經驗：在身處特定的某個地方時會覺得自己與神、神靈或上帝更加接近？在你心中，你就是知道那個地方很特別，感覺像是那裡能夠觸動你獨特的靈魂。平靜安寧的感覺包圍著你的身心，而出於某種難以解釋的原因，你就是受到那個地方的吸引，儘管你並不清楚確切的緣由為何。即使你在那裡的時間非常短暫，你仍可感覺到：在那裡，分隔這個塵世與下一個世界的遮蔽物就像已被去除。

在凱爾特傳說中，這種地方被稱為「交界之地」[P296]，是個提供了一個入口，讓人能通往上帝與神靈之地的輝煌和榮耀的地方。有句凱爾特諺語說，天國與塵世只相隔三尺之遠，但是在這些交界之地，這個距離甚至變得更短。美國牧師兼詩人莎爾蘭德・史雷吉（Sharlande Sledge）對於交界之地有著以下描述，能讓人們有所啟發——

「交界之地」，
凱爾特人如此稱呼這個空間既可見又不可見，
這個塵世與下一個世界之間的門，
在這裡短暫開啟，
而光並非全都在彼岸。
神塑造了空間。
聖哉。

交界之地不僅能令我們感到平靜，也會為我們帶來轉變，猶如摘下我們的面具一般。當我們身處在這些空間，將會察覺到自己絕非只是某種普通物質——**我們可以感覺到自己是一種靈性的存在，那是我們真實的自我本質：身、心與靈魂**。在地球上的任何地方都可以找到交界之地，包括教堂、寺廟、美景和古代遺跡。如今，不論它們的位置是在自然之中，還是在某個繁忙的都市環境裡，這些地方的任何一處都仍在召喚、吸引著朝聖者前往。

我經歷的第一個交界之地

我是透過我的通靈師工作，而意識到交界之地的存在。在世界各地的一些交界之地，我也曾經感覺到與神靈極為親近。有個地方讓我格外感到觸動，那就是美國路易斯安納州的紐奧良。二十多歲時，我和某個朋友橫跨美國搬到了加州，中途我們曾在若干不同地點停留。那是段令人異常興奮的時光，也是我們第一次自己外出冒險。那時的我並不知道什麼是交界之地，但當我回想起那段時光，我確信我經歷的第一個交界之地就在紐奧良！我想是因為所有的一切結合在一起——歷史、建築、人群、景觀、食物與美妙的音樂——帶來了那種效果，讓我感覺自己與靈界更加靠近。

另一個讓我感覺到類似反應的地方是美國大峽谷。我們將車停在峽谷邊緣，下車欣賞眼前不容爭辯的壯麗美景。沒有任何建築物，沒有喧囂的市景，沒有音樂或食物——只有純粹的自然美景，令我為之屏息，當時我確實感覺到神就在我的身邊。不知怎麼的，在那時，時間似乎停止了流逝……，儘管這種情況只維持了片刻。

牽引記憶的崔弗恩

如果不提銘記在我內心的某個特別地方的話，那就是我的疏忽了。我無法解釋原因，但是我一次又一次地被牽引回這個地方；希望餘生我還是能夠繼續造訪這裡。那是個很小的海岸村莊，名為崔弗恩（Trevone），坐落在英國最西南端、地勢起伏的康瓦爾郡。儘管我曾探訪過美國緬因州沿岸某些美麗的漁鄉，但我可以如實地說，在美國沒有任何地方像這裡一樣。

崔弗恩只不過是少許房舍群聚在兩片美麗的海灘周圍，在這個地方，你可以看到孩子們在海裡玩耍，一對對夫妻手牽手在散步，以及老人正在享受些許陽光。那裡有隱蔽的小海灣和我所見過最高、最驚人的峭壁，峭壁上有個因洞穴倒塌而天然形成的通風孔，海浪推擠過孔洞形成了水花柱，噴向空中可達到數百公尺高！步行一段路程你就能爬上峭壁頂端，在這裡，你能夠看見大西洋澎湃的波浪一道道打來，在你臉上留下含有細鹽的浪花，這副景象不僅令人相當興奮，也能讓人精神為之一振。

沿著這些峭壁行走，我可以感覺得到這個塵世與下一個世界之間那層薄薄的間隔，宛如我真能夠踩過那層薄幕過渡到那裡。這是個不同尋常的地方，充滿了精神能量。每次我只要走在這裡，對我來說就是那特別的時刻。

不只是這一切令人驚嘆，在這段期間我還會感覺到我的母親與我更加親近。當我想起她來英國找我的期間，我們之間共享的美麗回憶，我從她身上所感受到的愛意，每每都令我不禁淚流，而隨即淚水便與鹹鹹的浪花混合在一起。

不要只帶著你的肉體前往

交界之地讓我們有機會在精神上放開自己，在把握當下的同時留意眼前所見與所感受到的美麗。在這些特別的空間裡，我們得以放開所有限制與負擔，也正是這些限制與負擔阻擋了我們與神、神靈及我們的親人進行溝通。我想要在本書分享這些短暫的回憶，讓大家有所啟發與鼓勵……，這只是想與大家分享雖對我來說極其私密卻也如此美麗的一些經歷。

當你有機會，有些能充分利用的、屬於自己的時間時，請思考一下，在各自的人生中一路走來，是否曾經遇見過交界之地？是否有個特殊的地方能夠喚起和振奮你的精神，同時打開通往彼岸的那扇門？是否有某個地方讓你感覺更接近神、神靈或你的親人？

你可以在任何想要的時刻再次造訪你的特殊之地，但不只是肉體前往那個場所，更要帶著你的想像或在冥想時前往。一旦你學會打開你的眼睛、耳朵、心靈，還有你的靈魂，你就能夠感受到交界之地的引力。

彼岸是什麼樣的情況？

雖然人們通常都會對離開這個世界感到害怕，但顯然也有某種程度的好奇——想在去彼岸之前就先了解那裡的情況。近來愈來愈常有人談到這個主題，我對這類疑問則是以問題的形式來回應，亦即：他們問這些問題只是出於好奇，還是他們只是不知道自己正下意識地在做精神方面的準備？

因為我們是居住在這個物質世界上，所以很難理解或想像彼岸的狀況，或是當靈人不再擁有肉體後能做什麼事。在許多人的想像中，可能會引導出幽靈似的人形、一團神祕的霧氣，或是在天空中迴響的豎琴音樂。

在靈界的生活其實與這個世界類似，只是更令人驚奇且生氣蓬勃。在靈界處處可見不可思議的風景，包括美麗的花園、河流、山嶺、海洋與湖泊。那裡有你能想像得到的各種動物，城市裡則充滿宏偉的建築物，一切都沐浴在某種非比尋常的光線下，而這種光線實際上很溫和，並不會刺激到你的眼睛。

我堅信幾年前我在寫之前的某一本書時曾短暫地瞥見過彼岸：在針對前世這項吸引人的主題進行背景研究時，很榮幸地，我能夠在我的同行布萊恩‧魏斯醫師的協助下回溯自己的部分前世。

令人驚奇的是，在進行回溯期間，當我正漂浮在我的身體上方時，魏斯醫生引導我前往「中間地帶」——這片空間既不在這一生也不屬於過往。而當你不再與你的肉體或你的人生連結，你會心生一種全然平靜的感覺。在這種不同於一般的失重狀態中，有一瞬間，我發現自己來到神靈的世界，一個純粹能量的世界。我得以目睹那些透過我傳遞出去的、來自靈界的訊息，就是我那時看到、曾經多次聽聞過、充滿生氣的美麗顏色。

人們說的是真的：**要將這一切透過語詞記錄下來，幾乎是不可能的事**。沒有任何東西可以真的捕捉到我就在那一刻所感覺到或所見到的一切！你想想，我怎麼可能找得到有意義的適當字句來描述某種精神上的，甚且在這個情況下根本非實物的某樣事物？

我曾見過最接近的關於來生的描述，來自於電影《美夢成真》。這部製作於一九九八年的美國奇幻電影，是由才華洋溢而現在卻很遺憾地已經故去的羅賓・威廉斯所主演，改編自美國作家理察・麥特森（Richard Matheson）寫於一九七八年的同名小說。在這部電影裡，已經過世的角色透過想像與思維的力量，創造出獨屬於他們自己的天堂世界。不論他們想在自己的私人靈界中看到或體驗什麼，他們只要用想的將之化為現實，就能展現出來。

人們在彼岸都在做些什麼事？

在這個塵世能夠啟發或激勵我們的一切，同樣能促動成為靈魂的我們。我們在身處物質界期間愛做的一切事情，在靈界一樣都還是可以做，只要我們選擇如此。

身為通靈師，我曾經聯繫上一些已經成為靈魂的親人，他們想要我轉達的訊息極其觸動人心，是關於他們在彼岸的狀況。其中有一道訊息（這道訊息是我在某次氣氛融洽的團體通靈活動中收到的），有個年輕男孩要我告訴他的母親，他擺脫了他的輪椅，還打了棒球，而且在比賽中跑壘。我記得當他知道自己等於是在與母親對話時，他的興奮傳給了我。他說話的速度幾乎趕不上他想表達的情緒，他極其激動地想告訴他的母親，在他還有肉體時無法做到的所有事情，他現在都做得到了。

隨著這道訊息持續傳遞，他的母親開始說話。你可以從她的聲音裡聽到喜悅與興奮，她告訴我她兒子是如何在出生時便患有脊柱裂這種脊髓方面的缺陷，他一輩子都活在輪椅上。她說：「他過去經常從臥室窗戶向外看著社區其他孩子在隔街的場地上打棒球，他一直渴望能夠到那裡去，希望他可以像其他人一樣跑動玩耍。」

當這名男孩開始退回彼岸，我可以察覺他的能量逐漸褪去，不過在此之前他還是能最後一次向他的母親表達他有多麼愛她，以及他過去是多麼快樂！就是諸如此類的訊息，讓我的工作顯得格外值得且有意義。

在另一場通靈會中，我聯絡上一位老太太，要幫她將訊息轉達給她的孫女。她鉅細靡遺地描述自己是如何坐在她擺放在陽台、她最喜歡的椅子上享受陽光，她還活在塵世中時也喜歡做同樣的事。她描述這件事情的鉅細彌遺，讓我在腦海中形成極為清晰的影像。她透過這種方式來確切證明自己是誰，如此我才能夠與她的孫女聯繫上。

有次演示時，我碰到一個兒子想告訴他的父母他正努力在靈界完成學業。你可以看到他身處在群眾中的父母所表露出的欣喜——父母與子女之間的愛，是我們在塵世間所建立的最深刻也最珍貴的關係之一。來自已故孩子的訊息總是能觸動我的心；傳遞這些訊息是我的榮幸，因為我知道他們的父母必定深陷極大的痛苦。那對夫妻從群眾中直接站起來，他們的眼中含淚，透過我確認他們的兒子所說的每件事情，接著告訴他聽到他終於要完成學業，他們有多以他為榮，因為當他還在這個物質界的期間，學業對他來說是非常重要的一件事。

接著，有位年輕女孩到來，她想告訴她的家人她正在靈界教小孩念書。這對她的家人來說很合情合理，原因是她死亡時才要畢業拿到教書學位，即將開始在小學工作。

我認為，讓父母和每個人知道「**在靈界，生活確實會繼續下去**」是一件很重要的事。你可以選擇繼續做你在塵世愛做的事情，或是進行不同的嘗試。這只是要讓親人知道，儘管他們身在彼岸，但是死亡並沒有奪去他們的生活。

你不必為已經過世的親人擔憂，因為在靈界沒有疾病、沒有痛苦、沒有苦難，也不會再有在物質世界中經常會遭逢的憂慮，例如對金錢的需求、抵押貸款、食物等等。在我一直以來身為通靈師執業的這段期間，從未聽過任何靈魂提到想念他們的家或財物，沒有人因為誰拿到了媽媽的鑽石戒指或其他財產而心煩意亂，他們已經完全拋開了附屬於他們塵世生活的一切與物質上的所有事物。他們的心境平和，正在他們獨有的私人天堂世界中享受回到家與親人相聚的感覺。

天堂和地獄又怎樣？

許多古老文化與信仰對於來世、善惡、天堂與地獄的概念皆深信不疑。據說，在你死去、離開你的肉體時，你的靈魂會面臨最終審判。

根據這套信仰系統的解釋，如果你在世上為善，那麼天堂之門就會迎接你進入；相反的，如果你是個惡人，那麼你就會墮落進地獄。在我們試著透過人類思維、信仰或信念來了解天堂與地獄的差別時，在我們眼中天堂與地獄各自的呈現，一般是將天堂放在神聖的天空中，高浮於塵世之上，而地獄則通常較為黑暗，位於下方深處。

儘管我從小到大都是天主教徒，但我從未真正與這整套概念產生共鳴。有魔鬼居住在地心深處，四周有火焰環繞，受折磨的靈魂正在其中受苦——我實在難以信服！然而，我認為大多數人在各自的心靈中都相信「種什麼因，得什麼果」，因此才有以下這句諺語：「一報還一報。」

我確實認為，你怎麼過你的生活、怎麼對待他人，以及你對他人和自己所展現的同情心，最終將會在你死去時影響並決定你會受到哪個界面吸引。你表現出來的慈善、愛與同情心，會在你開發自身靈性的過程中助你一臂之力，助你在此時也在來生中成為更好的人。

所有的界面都是由想法所構成，因此，在某種程度上，我認為是我們創造了自己的天堂或地獄。不論自身面臨的是何種命運或判決，都是自己的所作所為造成。到頭來，我們就是自己的藝術家與創作者，創造出自己獨一無二的世界，也是自己的法官兼陪審團。在我先前討論過的電影《美夢成真》中就有描述過這項概念；根據電影的描繪，在生活中為惡、對他人不友善，或是在自己的時間到來前就提早結束自己的生命，有過這些行為的人會被困在某種泥淖般的混沌物質中。我對這一幕的解讀是，它是在說明：生活在這個黑暗所在的這些靈魂之所以出現在那裡，是因為他們的自我審判——是他們自己將自己打入獨屬於他們自己的暫時性地獄中。

然而，我認為**天堂與地獄是種心境，或者說意識**。天堂以較高的頻率在振動，而所謂的地獄則相對地擁有比較低的振動頻率。每個界面內又分為許多層次，每一個個別的靈魂在通過這些層次時，都是按照自己的時間、速度，在自己準備好的時刻才進行。情況並不像是如果在任何層次逗留過久就會得到某種懲罰；是進是停，完全取決於每個靈魂自己。

我曾與許多有過瀕死體驗的人交流過，我是真的相信他們說的話：**每個靈魂在離開肉體以後，都會經歷某種形式的「生命回顧」**P296。在生命回顧期間，你得以親自體會並感受到在過去一生中曾經帶給他人的所有喜悅、痛苦與悲傷；而每到最後，我們都必須面對自己過去的錯誤。若每個人都早就知道我們會面臨這場生命回顧——在回顧中我們是自己的法官兼陪審團——或許這會影響到我們生命中的某些行為與選擇，進而讓這個世界更美好。在談到靈魂的提升時，癒療、同情與原諒他人——還有自己——能發揮很大的作用。

讓我簡單回覆一下那個極常有人問到的尷尬問題：「在身處塵世期間做過極為可怕壞事的人，**他們會發生什麼事？**」即使是被許多人視為惡人或是禍害之人，也有機會在進行生命回顧後提升自我。隨著親自體會到自己對他人所做的所有壞事，他們就會學到教訓。他們很可能**還會再多化身幾次**，才能準備好往振動頻率更高的層次移動，穿行過各個界面。

你的靈軀正在不斷進化

就像有許多不同層面存在一般，我們人類也擁有許多不同的靈軀。這些靈軀我們可能看不見，但它們全都相互連結，並依照各自的獨特頻率不斷振動。從最稠密到振動頻率最高的靈軀分別為：肉體、以太體P295、星光體P297、心智體P295和靈性體P299。

位置最低的肉體

就像物質界的情況，**肉體**在所有靈軀中位置最低，稠密度也最高。

展現光輝的以太體

以太體非常靠近肉體，是肉體與星光體之間的聯繫。你可以實際上用肉眼看到以太體。想像你正在聽某位講者說話，隨著你的眼皮開始放鬆，你可能會看到在講者的身體周遭有圈白色光輝。這並不是你的眼睛太過疲累或眼睛在捉弄你；你所看到的其實是講者的以太體。在試圖看到某人的氣場P297時，你也可能在他肉體周圍看見一圈白色光輝；那就是以太體。

以太體非常重要，因為**生命能量是經由以太體吸收，再賦予肉體元氣**。以太體是存在於所有生物體內的神靈火花，或說是屬於神聖之源的那部分，擁有自己的意識。這股靈魂力量就是中文中所謂的「氣」P297、梵文中的「普拉那」P298（prana），在夏威夷語中也叫做「氣」（ti或ki）。

如果你曾經見過能量工作者對某個人進行治療，他們其實是在對那個人的以太體下功夫——當然，偶爾還是會需要醫生來幫忙你處理肉體上的病痛，例如：如果有人骨折，醫生可以上石膏以幫助骨頭癒合。不過，既然你是種物質上同時也是精神上的存在，你的以太體也會受到折斷的骨頭形成的能量印記所影響。換句話說，發生在肉體上的一切都會反應到以太體上，反之亦然。**以太體本身並未有所折損，但是會遭到改變**，而靈性治療師能夠幫忙調整或清除在以太體上的任何印記，有助於讓肉體與以太體之間恢復協調。

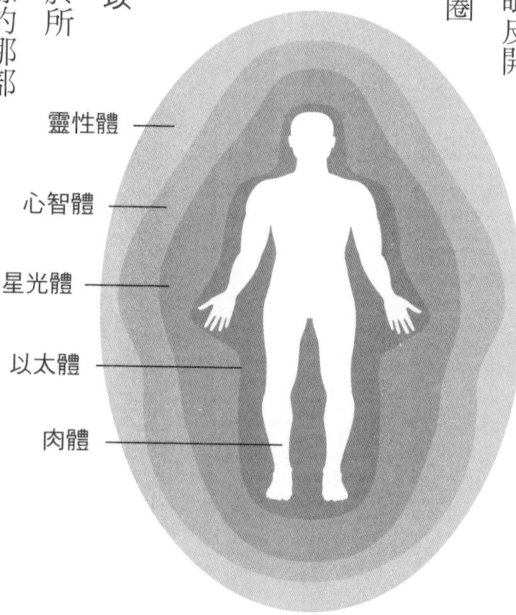

靈魂懸浮的星光體

接下來是**星光體**，據說某些具備天眼通能力的人可以看見星光體，就猶如充斥著閃耀紛亂色彩的氣場。星光體是星光界的一部分，就如同我們的肉體是物質界的一部分。**我們在死亡以後就會轉而棲息於星光體之中**。許多人都曾聽說或經歷過靈魂出竅（或說「星光體投射」），也就是當星光體與肉體分離，你會漂浮在自己上方，甚至可以向下看到你自己的肉體。你或許曾經看過相片或圖像的內容是有個一模一樣的靈體懸浮在某人的肉體上方，那就是星光體。

更高階進化的心智體與靈性體

再來更高級的靈軀包括**心智體與靈性體**，兩者都與更高也更加進化的界面相關。透過靈性體作為媒介，靈魂才得以進行溝通。由於靈軀之間的合併與交融，才建立並提供了陰陽兩界之間以靈感為憑藉的溝通橋樑，而這種靈感包括感覺上的超覺知力P298、視覺上的天眼通能力，或是聽覺上的天聽能力P295，都是溝通工具的一種。

你的「精神自我」就是真正的你

作為人類，我們掌控著兩個自我，那就是肉體自我與精神自我。真正的你，是你的精神自我——並非可出現於鏡中的影像，你的精神自我讓你能夠與身在彼岸的親人保持聯繫。他們是靈魂，是無形P298的——意思是沒有身體；你也是靈魂，但擁有化身——即擁有身體。他們的離世並不會切斷你們之間的特殊聯繫；不論是時間或空間，都永遠無法將我們與比我們早走一步的那些人分隔開來，死亡當然也不具備這種力量。

人們常問我說：「我為什麼要知道或者承認我的精神自我以及我的肉體自我的存在？」如同我先前所提，我們是一種靈性的存在，只是使用肉體在體驗人類的生活。如果你一輩子都不讓自己去體會這兩端結合之後的感受，你會錯過生命真正能夠帶來的許許多多讚嘆。在你將肉體與精神完全整合在一起後，你便可以展開擁有無限可能的生活，同時對你的意識進行開發。

我們生活在一個唯物主義與科技掛帥的時代，太常全神貫注於外在的世界，因而將存在於我們所有人體內的自我靈魂拋在腦後。許多人讓自己被物質上的財產所環繞，他們的錯誤印象讓他們以為這麼做可以為自己帶來幸福、滿足與生活的目標。然而，即使獲得了這些東西，他們還是經常發現自己在問這個問題：「我為什麼仍舊覺得內心如此空虛？」

如果人們能夠過著更具靈性的生活——從精神角度下功夫——就會明白：比起物質主義世界所提供的一切，我們存在的這一生其實可以看到更多的風景。我注意到，這樣的個人似乎將目光放得更遠，他們對於自己是誰、自己在做什麼，以及如何處理自己的生活，擁有更全面的觀點、更豐富的認識及更深切的重視，因此，他們與這個塵世的其他人、身在彼岸的那些人，彼此間有著更有意義也更為特別的關係。一旦你學會如何讓你的生活在精神上更豐富，你就可以運用我們每個人都能利用的所有無限資源。一旦你開始認識到這點，你就會開始**感覺到**、**看到並體驗到**一個你從不認為可能存在的世界。

當我們變得更了解並認可自己精神的那一面，我們就可以開始探索一個更重要的問題，那就是——我們是誰，以及更重要的——我們註定會變成什麼樣子的人。這項特別或說更重要的認知，有助於引領我們達成我們的靈性目標，也就是**我們為什麼會在此刻出現在這個物質世界中**。這項認知試圖引導我們，影響我們所採取的行動與選擇，以及當然還有——我們用在這個塵世的這段寶貴的時間，關愛並幫助彼此的方式。

你的精神自我能夠讓你的肉體自我具備洞察力，並得以利用你的直覺P296。是這個部分的你在感覺到你即將做出錯誤的選擇時給你輕輕一推，要求你重新考慮；也是這個部分的你鼓勵你對另一個人、對某隻動物伸出援手或投入某項目標；你可能經常會受到某件事情的吸引，即使你想不透原因為何——那可能是一件你或許從未感興趣過的事，或過去你從沒感覺過這件事對你有吸引力。這些都是最好的例子，證明你的精神自我開始幫助你，透過直覺或心靈傳遞出訊息引領了你的方向。

舉例來說，想像你有個孩子住在美國的另一個州或是其他國家，然後，你突然覺得自己「必須」打個電話給他們。在你照著做以後，發現他們正需要你打電話給他們。這是你的精神自我向外延伸之後，碰觸到了你孩子的靈魂。這當然是一種雙向溝通——靈魂對靈魂的溝通。

在我的第一本書《生而知之》中，我提過自己童年有次在跟同社區的一些孩子在校園裡玩，突然間，沒有任何顯而易見的緣由，我感覺到某塊地區在吸引我靠近，我彷彿受到引導一般，來到工友們經常會在那裡把他們的卡車開下斜坡，然後停在校園下方的地方。當我從斜坡往下看去，我發現有名年輕人不知為什麼倒在那裡，顯然受了很重的傷。我立即衝回家，甚至沒有停下來做任何考慮，告知父母讓他們打電話叫救護車。

當天稍晚，就在我們一家人要坐下來吃晚餐時，有人大聲敲響我家的門。我跳起來打開門，發現是一位身材魁梧的警官站在那裡，臉上表情嚴峻。他要求要見我的父母，我馬上開始擔心自己惹了麻煩。

結果，那位警官就是倒在地上那名年輕人的叔叔，他對我疑惑的父母說：「你們的兒子是本地的英雄！」

我的父母都帶著以我為豪的目光看著我。

「遺憾的是，我姪兒的傷勢極為嚴重，他已經在今天傍晚過世。可是，至少他並不孤單——他的所有家人都陪伴在他身邊，因而有機會道別。」這位眼中含淚的警官將他的大手放在我的肩膀上說，「孩子，謝謝你。」

這是一次命運的殘酷轉折。在當天，那名受傷年輕人的靈魂就找到了我，而我的靈魂也適當地給予了回應。

我必須再次強調：你的精神自我讓你能夠與身在彼岸的親人保持聯繫。他們是靈魂，是無形的——意思是沒有身體；你也是靈魂，但擁有化身——即擁有身體。他們的離世並不會切斷你們之間的特殊聯繫；不論是時間或空間，都永遠無法將我們與比我們早走一步的那些人分隔開來，死亡當然也不具備這種力量。

當我們變得更了解並認可自己精神的那一面，我們就可以開始探索一個更加重要的問題，那就是——我們是誰，以及更重要的——我們註定會變成什麼樣子的人。這項特別或可說更重要的認知，有助於引領我們達成我們的靈性目標，也就是——我們為什麼會在此刻出現在這個物質世界當中。這項認知試圖引導我們，影響我們所採取的行動與選擇，以及當然還有——我們用在這個塵世的這段寶貴的時間關愛並幫助彼此的方式。

因此，我要提醒大家，**我們絕非只是種物質的存在。我們是奇蹟般的靈性存在，擁有無限的可能性！**

第二章

最終的轉換

當靈魂從靈界回到物質界，在這場終極轉換的過程中，靈魂會經歷哪些情況？靈魂是否會享受和歡迎這趟旅程？他們是否有機會選擇自己即將誕生於何種類型的人生？

在每個人生存於物質界的一生中，有兩個決定性的時刻，不論你的宗教、膚色、國籍或所處地理位置為何，都會受到這兩個時刻的影響：那就是出生時刻與死亡時刻。

雖然出生與死亡顯然迥異於彼此，但是我卻傾向於將死亡視為出生的一種類型，只不過，死亡是你通往彼岸的門戶——藉由死亡，你等於重生回歸靈界。

萬事萬物，包括你的靈魂，永遠都是在前往某處的路上。中國哲學家老子曾說：「得道之人，視生死為一條，生為安樂，死為安息。」出生與死亡基本上是相同的過程——就像從一個房間經過一扇門走到另一個房間，唯一的差別僅在於你所前往的方向不同而已。

幾年前，我曾經聽過一句非常美麗的諺語，這句諺語大概是這麼說的：「當一個靈魂經歷出生的過程時，在彼岸的靈魂會哭泣，而在塵世的靈魂則會為此而欣喜。當一個靈魂經歷死亡的過程時，在塵世的家人會哀悼，而在彼岸的家人則是會為之歡欣。」然而，成為通靈師、與靈魂進行交流的所有歲月裡，我從未聽過有靈界的人說當有靈魂出生在這個世界上時，他們會為此而感到難過，我認為，這句諺語無疑地是在描寫**靈魂永無止境的旅程：從我們出生的那一刻，直到我們離開肉體的那一刻，我們持續成長、學習，以及最重要的——不斷進化**。

輪迴的目的

大家應該要知道，在你的一生中，你的靈魂會汲取所有記憶、感覺與情緒，而你自身獨一無二的性格也會深深銘刻在你的靈魂上。實際會死亡的，只有僅如同一件外套般的肉體（你的容器）：一旦不再被需要，肉體就會像是一件舊外套般的被拋棄，而你的靈魂（真正的你）會繼續活下去。

在肉體死亡後，你可以選擇以另一具身體回到這個物質界，好讓你的靈魂得以繼續學習成長。因為能夠藉由肉體存在於塵世中，透過身體的約束，以及伴隨著生活在這個塵世而來的所有情感與教訓，對靈魂來說是場終極的**學習體驗**，你在過去的人生中所做出的每項決定與選擇，以及尤其是你在**當前的這一生中所做出的那些決定與選擇**，都會影響到你的靈魂在未來的旅程。

然而，我們的人生並非不可改變。我們誕生時全都帶著自由意志，可以選擇是要朝著我們的目標前進，還是加以遠離。我們可能在這一生中計畫要從甲地移動到乙地，但是沿途有許多小路加上一次又一次繞道而行，可能輕易地就將我們帶離我們的核心任務。不過，這些彎路上仍舊存在同等重要的教訓。

曾經有人問我說：「為什麼靈魂會選擇進入這個人生，承受世上一切的壓力與狀況，例如貧窮、疾病、衝突與苦難？這幾乎可以說難以想像。」當你身處靈界時，你會成為神識的一部分，屆時你就能了解自己選擇回來的原因。你也會明瞭，相對於你整個存在的時光長短，你在這個物質世界的時間只是這片時間海洋當中的一滴水。某人在過著自己認為十分艱困的生活時，會在精神層面上學到極多事情，他們的靈魂也會隨之而提升。

我常說我們應該只因為出現在這個塵世上就拿到一個獎章，原因是——**在肉體中，堅持不是件容易的事！**我們的獎賞就是我們在身處這個塵世的這整段期間所獲得的智慧。

從靈界轉換到物質界

經常有人疑惑，在靈魂經過輪迴返回到新肉體中、從靈界轉換到物質界的這段期間，靈魂到底經歷了什麼？有許多書籍與資訊都討論過死亡這個主題與靈魂的延續。許多人會問我問題，例如：當靈魂從靈界回到物質界，在這場終極轉換的過程中，靈魂會經歷哪些情況？靈魂是否會享受和歡迎這趟旅程？他們是否有機會選擇誕生於何種類型的人生？

有各種觀點與消息論及我們死後會發生什麼事，但是在談到靈魂進入這個物質界的時間時，相關的資訊卻十分有限。我希望自己能夠根據我所研究過、所學到及所認知的一切，盡我所能地來回答這些問題。

出生——化身穿上肉體

如果靈魂決定回到塵世生活，那麼在它的新一次化身中，它可以挑選自己想要過哪種人生。比方說，它可以選擇自己要生在哪個家庭，擁有哪對父母，不過，這些選擇通常會取決於**靈魂需要學習什麼課程**。

一般而言，當我們選擇轉世輪迴，我們前世的記憶、感覺與情緒，會隨著新的記憶與情感形成而逐漸褪去，好讓我們開始再次生活在這個物質世界裡。然而，源自我們之前化身的某些特點、技能或習性，卻可能留存下來。

在我還小時，我不僅因為自己的心靈能力而非常敏感，我還具有極佳的繪畫天賦。這份天賦是來自於遺傳，還是我從前世帶來了這項能力？我認為是後者。我還記得有個朋友有次請某位有天眼通能力的人來感應他的前世，這個朋友能寫出最美麗的筆跡，他得到的感應結果是，他前世曾經是某間法國修道院的抄寫員。這真是太過神奇，因為這個朋友的確也能很自然地模仿法國口音！

有許多孩童的腦海中保留有他們曾經歷過的前世的記憶，有些孩子所保有的這些記憶甚至始於人類起源之時。這些時日以來，對於談論這些事情，人們變得比較能夠接受了，其中有些故事被記錄了下來，甚至翻拍成電影。

在這類故事中，有個由布魯斯與安德莉亞・萊寧格夫婦（Bruce and Andrea Leininger）所講述的故事，在我所看過的所有資料中，這個故事可說提供了關於轉世輪迴最令人信服的證據之一。他們的書《生命不死：轉世輪迴，是事實還是幻想？》，針對他們的兒子詹姆斯所經歷的一切，進行了極其吸引人的深入分析。詹姆斯在只有兩歲時，經常從睡夢中驚醒，尖叫著提到自己身處在一架於一九四五年墜毀的戰機上。他甚至記得他在那一世的名字：詹姆斯・赫斯頓（James Huston，他在這兩世用的是一樣的名字，我覺得這點相當令人驚奇）。儘管布魯斯是基督教徒，他開始相信詹姆斯是二次世界大戰中一名戰鬥機駕駛員的轉世——這個人所駕駛的戰機在日本上空被擊落，在戰機著火時他曾經試圖逃生。

經過仔細的調查，包括拜訪詹姆斯・赫斯頓的親友及二次大戰的老兵，詹姆斯的父母終於能夠確認這些資訊的真實性。到詹姆斯八歲時，這些惡夢才開始褪去。最後，在經過這麼多年以後，詹姆斯・赫斯頓家人心中的疑惑終於可以得到答案。這個故事有個很美好的結尾，萊寧格一家人還遠赴日本悼念詹姆斯・赫斯頓，到他埋骨的那片海洋獻上一束鮮花。

有些孩子能描述身在彼岸時的感受。他們述說自己如何挑選父母，並分享在他們出生前是什麼情況的細節，比如形容些他們父母的生活。這些經歷稱為**出生前體驗**P296。

面對死亡議題，真正放手

我們或許並不想要碰觸自己的死亡這個主題，因而有許多人不願去想、去計畫或甚至接受這件事；還有人認為只要提到死亡，就是在以某種方式召喚死神的來臨。死亡——或說轉換到其他世界，或是任何使用時最不會造成你不適的措辭——是一件最終我們所有人都必須面對的事；不論是因為失去了所愛的某個人而要進行調適，或是為自己的離世做準備，我們終將面臨死亡的發生。

道別從來就不是件容易的事。跟即將死去的所愛之人說再見，可能是你這一生當中將會經歷的最困難事情之一。不論你認為自己的準備做得有多好，當那一刻真的到來，絕對還是難以面對。如果你現下正面臨這種情況，祝福你，我的心與你同在。

我在二〇一一年的春天失去了我的母親，而最近我也在為一些失去親人的朋友提供支持。儘管身為一名通靈師，我明白我們所有的人都會死，而靈魂是永恆的，但我仍舊像其他任何人一樣會因為失去而感到哀傷。我知道也明瞭其他人正在經歷些什麼，更盡我所能地提供給對方支持與幫助。

當我的母親開始長期接受安寧照護，我拿到了一本小書——《愛的抉擇：如何陪伴療護與尊重放手》，這本小書的作者是漢克・鄧恩（Hank Dunn）。這本小書對我的幫助超乎所有想像，它讓我得以做好準備，面對我人生中一段感情最脆弱也最艱難的時光。我摘錄以下內容在此分享，希望不論是現在或未來，大家可以在這些文字中找到某種安慰：

在可能會失去某人時，人們的自然反應是將手握得更緊，或試著獲得更多掌控。諷刺的是，追求人生中的目標，並不代表你就會因此而過著自由愉悅的生活。我們之中的大多數人確實學會了如何放手：我們放下了童年，擔負起成年人的責任；我們放鬆對我們處於青少年時期孩子的掌控，也放棄了控制他們的企圖；我們不再試圖從財產或職業生涯中找到快樂；我們甚至學會為了自己的幸福，我們必須放開其他人，不再倚賴他們。

為了學到這些教訓，我們必須接受一項事實，那就是這些事或這些人一開始就是我們的禮物。

堅持有兩種方式。我們可以像是用拳頭抓著一枚硬幣一樣緊握不放；我們擔心會失去這枚硬幣，所以把它握得緊緊的——的確，如果我們向下張開手掌，硬幣會掉落，脫離我們的持有，我們會因此產生受騙的感覺。另一種堅持的方式是向上打開我們的手掌，硬幣可能會停在那裡，也可能被風吹走或因為晃動而脫離我們的掌控，不過只要它還在手掌上，我們就有這個榮幸可以擁有它——透過張開的手堅持，我們的手是放鬆的，而我們也能感受到自由。

這一小段文字帶給我撫慰也給我提供了力量，我因此得以順利度過我母親生命的最後那幾個月。

我運氣夠好，能夠花很多時間陪伴她。在我停駐在她床邊的那段期間，我們大笑、哭泣，還分享了許多故事與特別的回憶。我確保她每個禮拜都有新鮮的花可以欣賞，替她安排做頭髮的時間，還計畫好定期傳送訊息給她，保證她有受到珍惜的感覺。

我們以開放並接受的態度，聊到她生命的終結、彼岸，以及未來可以期待些什麼。我告訴她在她之前過世的那些人會在那裡迎接她回家，因此她在旅途中不會孤單。我們說到她會傳送給我的記號，至今這些記號依然誠摯而美麗。我之所以分享我生命中最為私人的時刻之一，是為了可以傳達我認為非常重要的一項訊息：**我們可以用愛與接納來面對即將到來的**

失去。我因此得以在我母親還在這個世上時，享受與她一起度過的時光，而非緊緊抓住她，拒絕讓她離開。

我不會假裝說這是件容易的事，但我的母親是帶著平靜、尊嚴與優雅度過她人生的最後一段時間。她帶我進入這個世界，用慈愛的手臂抱著我；作為回報，在她離開這個世界時，我也用我的手臂環抱著她。我沒有任何遺憾，因為我們已經說完並做完需要說和需要做的所有事情。人們應該要對現在在你生命中的人說必須要說的話，這樣你才能永遠不用說「我早就應該、原本可以或原本想要……」或「如果當初……」。**試著用張開的手過生活，享受並珍惜你與親友和寵物所共享的每個時刻**——因為他們全都是你家庭的一分子。

為迎接新靈魂再次團聚

如果你認識的某個人即將離開人世或最近剛往生——不論他們的情況是生命自然終結或突然遭遇意外死亡——那麼我希望你在知道這件事以後會得到安慰，那就是：**沒有人會孤單地踏上回家之路**。那些在彼岸的人相當清楚死亡即將來臨，他們會聚在一起迎接家人、朋友或甚至寵物的歸來。

當某人的生命即將自然終結，他們通常會感覺十分平靜，宛如他們知道靈魂正在為了迎接他們而聚集。當有人正逐漸接近所謂「死亡」——在物質界面的最後幾個階段，他們經常會感受到身體的感覺日益衰退或遲鈍，他們的視力、聽力，以及甚至感知，似乎都變得愈來愈模糊，幾乎就像是他們的光芒開始消退或忽隱忽現。

當某人死期將近，那就像是他們正站在這個世界與下一個世界的邊界上。**隨著他們的身體感覺變得遲鈍，他們的心靈感知力得到強化，變得更加明白且敏銳。**這種時刻通常會發生一種情況，那就是將死之人似乎開發出了某種感官，能夠知道或感覺得到另一個地方正在發生什麼事，不論是另一個房間或甚至遠方某個位置的情況，都在他們的感知範圍內。他們的心靈感知力——天眼通能力、超覺知力或天聽能力——可能在死前會變得更強大。

靈魂對靈魂的聯繫

在許多記錄下來的案例中，曾經有人在快要往生時，不論是有意識地或是在無意識間，能夠將他們的靈魂投射到實際沒有和他們處於同一間房裡的親友身邊。這些親友可以感覺得到他們，而在某些案例中，甚至親友還表示曾經看到過他們！其他案例則曾記錄過有將死之人出現在夢裡——你自己可能就曾與生病或即將過世的某人經歷過這種情況；彷彿你就是「知道」你必須立即動身去和那個人見面，即使他們在你抵達後沒過多久便離開人世。

幾乎就像是他們的靈魂通過某種形式的心電感應在和你聯繫，將死之人的意識被銘刻在那名親友的身上，即便後者的靈魂仍舊存在於他的身體裡——我將這種情形稱為「靈魂對靈魂的聯繫」P299。

許多年前，在我的表姊身上便發生過這種情況，當時我有個阿姨因為癌症而過世。我的母親有三個姊妹，她的其中一個姊妹，也就是我的阿姨雪麗，收到醫生通知說因為癌症的緣故，她的人生過沒多久便會走到盡頭。大家都很愛我的阿姨，而她和她的甥女，也就是我的表姊朵莉，兩人的關係尤其親密。某天傍晚，當朵莉正輕鬆地待在家裡與她的家人相聚，她突然有種難以克制的感覺告訴她，她必須馬上趕去醫院陪伴在我們的阿姨雪麗身邊，她立即放下所有事情，跳上她的車子前往醫院。在朵莉到達醫院時，雪麗已經陷入無意識狀態，之後她便握著朵莉的手平靜地離開了人世——彷彿她一直在等待朵莉的到來。

在靈魂對靈魂的聯繫中，靈魂或靈體會向外傳遞愛的訊息，然後挑選出一個人來陪伴他們，或只是想最後一次說再見。你經常會聽到有人說：「我覺得他們在要過世之前有來看過我。」收到這個信號的人通常具有比較高的心靈感知能力。然而，我也聽過許多故事描述，有人因為他們的親人過世時無法在場而感覺多麼傷心，有些人告訴我他們曾經答應在某人亡故的當下會陪伴在他身邊，但是……唉！他們卻無法實現這些承諾。

如果你曾經做過這種承諾卻食言了，無須自責。你可能每天二十四小時都待在親人床邊，待了一個禮拜，然後就那一次你離開去買杯咖啡，他就過世了。你的親人之所以這麼做，不是因為他們想要你違背你的特殊承諾，而是他們的靈魂決定離開，**是為了不讓你承受看著他們走的痛苦**。他們這麼做是基於一個理由：他們很愛你——**靈魂總是能知道何時該離去，或是是否要停下來等待**。

即使我是一名通靈師，我也沒有從我母親那裡收到她的靈魂所發出的訊息，通知我她即將離開人世。相反的，我是突然接到我哥打來的電話，大喊：「約翰，你必須盡快趕回來！」然後他立即掛斷了電話。

當時，我人在加拿大多倫多，配合我的出版商做活動。靠著純粹的運氣，或許還有些許神靈的幫助，我才得以在當天離開，在我的母親過世僅僅九十分鐘前終於趕到。在最後的那段時間，我感覺到某些已故的親戚正在向我們靠近，他們的愛溫柔地包圍著我們——知道他們正等著迎接我的母親，令我感到安心。

儘管在我抵達時母親已處於無意識狀態，但我相信她的靈魂知道我們都在那裡。我低聲在她的耳邊說：「媽，妳所有家人都來這裡帶妳回家了。媽，沒關係，妳可以離開了……，我們會沒事的。要記得我永遠愛妳。」

至今我仍舊堅信她「知道」自己並不孤單。她臉上的表情充滿了平靜與安詳，堅持活下去的壓力已經消失。我坐在那裡握著她的手，感覺到她的母親逐漸接近，幾乎就像在銀行或郵局排隊時你感覺有人站在你後面一樣。接著，我感覺到她的父親、她的姊妹和我的姊姊都從靈界往這裡靠近。

我眼中帶淚對我的兄弟說：「喬、丹尼，把手放到媽的胸口，她現在要離開了！」我的哥哥喬是一名護理師，他是個非常實際的人，當時他努力地想了解我的話是什麼意思。他說：「你在說什麼啊？」

我低聲說：「喬，她的家人都在這裡了。他們現在就要帶她走了！」

我們都輕輕地將手放到她的胸口。當時，時間似乎停止了流逝，但是過沒多久，我們都感覺到了當她進行最後一次呼吸進而離開這個世界時，胸口在我們手掌下的起伏。我確信我們的碰觸、我們全體的愛的力量，以及來自彼岸的輕柔牽引，都使得她從她的肉體掙脫時更為順遂。

這段特殊的記憶我永遠都不會忘記；我在接下來的日子裡都會珍惜並且銘記這段記憶。她並非獨自返回靈界那個家，她是與她的家人一同攜手離去。

安詳中迎接臨終影像

你是否曾經在陪伴即將離開這個世界的某人時，看到他們的視線往上，猶如正在凝望實際並不存在的某樣事物？你是否曾注意過某個即將死去的人將手向上伸，彷彿有某些看不見的手也正在對著他們伸來？你是否曾目睹他們與並不存在的某個人對話？如果你問他們正在跟誰說話，你可能會驚訝地發現，他們的說話對象是某個已經死去的人！

這種現象稱為「臨終影像」P298，有些人在要離世前會看到這些影像。如果是突然間離開人世，比較不可能出現這種情況，這種現象更常出現在自然死亡或罹患絕症但生命有所延長的人身上。

我的母親在生命即將終結時也曾經看過臨終影像。有天，她從醫院病床上坐起來，條理相當清楚也相當興奮地說：「約翰！你猜今天誰來看我了？」

我開始列舉我所能想到的在她生命中的親朋好友，一個接著一個說著不同人的名字。她只是一直說著：「不是，不是……不是啦！」直到最後，她脫口而出：「是偉恩過來看我了！」

偉恩是她的初戀，在大約二十五年前就已經過世了。

我在床上坐下，握著她的手輕聲問她：「他過來做什麼？」她告訴我她是如何看到他坐在她的病床床尾，身上穿著他的水兵制服，就像她記憶中一樣英俊又年輕。他告訴她，他是來確認她的近況，看看她是否安好，也讓她知道一切都會順利度過。

世界各地的不同文化與信仰都承認並相信臨終影像實際存在，不論在非小說類文學或小說中，都對這類例子有過透徹的描述。在一九二六年，威廉・巴雷特（William Barrett）醫師寫下《臨終影像》這本書，他在書中詳細描述許多曾看過已逝親友者的故事。根據他的記錄，有些人曾聽到美妙的音樂，而有些人則是曾有光之靈和天使來造訪過。巴雷特相信，這些特殊的造訪就是靈魂彼此間溝通的證明。

關於這項主題的科學研究也變得愈來愈受到認可。在這類研究中，有一項是由兩位超心理學家卡里斯・奧西斯（Karlis Osis）與艾爾蘭德・哈拉德桑（Erlendur Haraldsson）在一九五九到一九七三年間所進行。根據研究報告，兩名研究者在美國與印度與數萬人面談過，其中就有百分之五十的人曾見過臨終影像。

許多科學家與醫學專家認為，自己必須為這種現象提供某種符合邏輯的合理解釋，他們相信這些不尋常的體驗是迷幻藥或腦部缺氧所造成。我了解也尊重他們基於教育立場與理性思維所得出的意見，但還是要提出以下問題：**這些臨終影像為什麼經常是看到已經逝去的某人，而不是看到與即將死去的人十分親近但還活著的人？**

也有愈來愈多在臨終關懷機構與醫院裡服務的護理和醫療人員表示，他們即將離世的病人提到曾看過親人的影像並因而得到慰藉，或是有親人曾來探訪。當然，更有許多人有這類經驗卻並未說出口，畢竟關於這方面仍舊有汙名存在，人們擔心會感覺難堪，或遭人奚落與質疑。在我的母親過世後，我想要對所有曾經如此費心看護她的工作人員表示謝意。在與護理師和醫護助理交談期間，他們之中的許多人都提到他們曾經目睹自己的病人見到臨終影像，他們的故事令我深深著迷——我想，他們或許是知道我的職業後，才覺得可以安心對我坦白一切。我發現，在安寧照護領域工作的人，經常以理解和關懷的態度來面對「有已逝的親友來造訪」的這種想法。

我的同行大衛・凱斯勒（David Kessler）是一名服務於安寧照護領域的悲傷輔導專家，他曾與伊莉莎白・庫伯勒—羅絲（Elisabeth Kübler-Ross）博士一同進行研究，後者是知名的精神病學家暨瀕死研究的先驅，「悲傷的五個階段」理論就是她向世人所提出的。凱斯勒曾寫過很棒的一本書《其實，那個世界很美：醫護人員想對大家說的臨終故事》，描述了人們在死前會看到什麼現象。他熟練地澄清許多關於臨終影像的誤解與懷疑，並將源自於各種來源、具啟發作用又能發人深省的故事都納入了書中。

我之所以喜歡這本書，以下這個故事尤其是原因之一。大衛慷慨地讓我使用這段摘錄，希望可以解答大家關於這類現象的一些疑惑。這個故事有關：如果有人在人生的最終階段，遇到眾所周知還活著的有名人士來造訪，那會是什麼情況？

一件家事：海瑟的故事

我是一名護理師，在醫療領域工作已有多年。我致力於了解醫療系統的所有情況，但是在所有事情當中，自己的家人生病會讓人面臨最為艱困的挑戰。

在某個週六的下午，我的母親梅葆和我一起出門。等我們辦完所有事情，開車回我父母的房子時，時間差不多已經黃昏。對於夜色突然降臨，我們都很訝異，接著便想起前一天晚上我們才把時鐘往回調這件事。我抱著一袋雜貨進門，大聲喊著要我的父親喬瑟夫來幫忙拉著門好讓門敞開，但卻沒得到任何回應。我的母親和我看向彼此，納悶是怎麼一回事。我開始將食物歸位，而母親則是去找父親，她確定他必定是在電視機前面打盹。然後她發現電視機是開著的，但是沒看到喬瑟夫。她找遍了所有房間，包括前後院，卻沒在任何一個地方找到他。

母親打電話向幾位鄰居詢問，但他們都沒看到他。一個小時過去，我們都相當驚慌。我父親八十五歲了，因為視力逐漸惡化，他已經不再開車，我們很擔心他企圖再次開車上路。雖然我們很快便放心地看到車子還停在車庫裡，但卻實在想像不到他人去了哪裡或原因為何。當我們發現他的皮夾還躺在櫥櫃上時，我們的不安隨之加深。

母親打電話報警，而我則是開車繞著社區找人。經過混亂的四個小時，我們接到一通電話，一名警官在城鎮的另一邊找到了我的父親，他看起來十分困惑，不清楚自己身在何處。接下來幾天排滿了看醫生的行程，以確認我們都在懷疑的一件事，那就是父親罹患了阿茲海默症。

我的母親當然明白自己的先生已經年紀愈來愈大，但是當她注意到他做出的那些奇怪行為時，她會說：「沒有人到了八十幾歲時還能當火箭科學家。」儘管如此，她也從未預料到他會閒晃出門，然後忘了自己的家在哪裡。在確診以後，我們設法確保他永遠不會自己一個人，甚至換掉了門鎖，從此需要鑰匙才能進出屋子。親朋好友也會在白天提供幫助，以防我的母親需要出門而我正在工作。

彷彿情況還不夠糟糕一樣，我母親的胃部開始出現問題，她因此感覺非常疲倦。現在我必須面對兩位年邁的雙親，兩人的健康都每況愈下。在我的父親罹患阿茲海默症之後，緊接著母親便被診斷出患有胰腺癌。我很快便發現，做好我的護理師工作同時照顧我自己的孩子加上我生病的父母，這一切已經超出我的能力範圍，而且我又不能選擇辭職。我的同事已經提了一陣子，或許是時候找個機構安置我的父親了；而儘管剛開始我很抗拒這種想法，但是現在看似我的選擇正在逐漸減少。

因此，我的父母和我開始參觀療養院，最後找到了「落日庭園」，這真的是個很不錯的地方。父親很滿意，因為這間機構完美兼具了舒適與安全。他畢竟還是一名就其他方面而言健康狀況良好的健壯男性。所幸，整個搬遷過程出乎意料地順利。母親因為與她的先生分居兩地，因此變得比較不開心，所以如果她沒有去跟她自己的醫生碰面，就會來「落日庭園」陪他。

我的母親在八十一歲時決定不再接受化療或進行其他積極治療方案，寧願順其自然。醫師告訴她，她很可能只剩下一年左右的生命，但是沒人預料到她有天會在前往浴室的途中突然跌倒，造成她的髖骨骨折。經過長期住院後，她如今需要二十四小時的照護。然而，由於她的需求和我父親不同，因此她最後住進了另一間療養機構。現在我得在我孩子的學校、我的工作崗位，以及兩間照護之家往來穿梭。

對我的母親來說，情況很快就變得更為糟糕。在髖骨骨折後又發生泌尿道感染，接著是呼吸系統感染。隨著她的病情惡化，我能夠去看我父親的時間愈來愈少。其他家人會確定他每個禮拜至少有兩、三次訪客，儘管這時他已經再也認不出親人了。

母親的醫師請我和其他家人坐下，向我們說明她的身體同時有太多地方出問題，而回到醫院接受更多檢驗其實毫無意義。我們對此都十分認同，所以最終我們將決定權交給了母親。她說：「我已經活了超過八十年。我沒什麼好抱怨的——只是我的時候到了而已。」

我想方設法要讓我的父母能夠待在一起，但是我母親所在的機構並不接受阿茲海默症患者，而我父親的機構則只接受罹患阿茲海默症與失智症的病患。我們不確定是否甚至應該告訴他母親的狀況有多糟，因為他對於這種情況根本無能為力。當有電話打來說母親的病況已經惡化，我們希望能設法讓他出來幾個小時，去和他的妻子見個面。她的血壓正在下降，而心跳的速度則在加快。

當天傍晚，我和我的家人坐在我的母親身邊，她的神智還十分清醒，但是她的呼吸聲比平常要來得重。她突然往上看然後說道：「喬瑟夫死了。為什麼沒有任何人告訴我這件事？」

我立刻插話糾正她說：「媽，爸還沒死。他人還在療養院裡。」

她的話令我驚愕，我突然明白我最好想辦法將父親移到這裡來。我們擔心我的母親正開始逐步喪失她的身體機能，而我們想要在她還能夠跟她的丈夫說話時見到他。

我說：「媽，我們會看看療養院是否會讓我們接爸出院，這樣他就能來看你了。」我對我的表妹潔姬點頭示意，要她打電話給療養院安排我們其中一人去接他。

母親卻堅持說：「喬瑟夫已經過來跟我道別了。他告訴我，我很快就能再次和他相聚。」

我們都只是看著彼此，認為我的母親正在幻想。我輕聲重複說道：「媽，爸人在療養院裡。我們會帶他過來這裡。」

她再次重複她的話：「不用，他已經死了。」不過這次她還坐了起來。「看，他就在那裡！」她的視線似乎越過了所有人，接著她說：「喬瑟夫，你回來接我了。」她的眼中滿是淚水，然後她躺回了床上。

就在那時，有名護理師和我的表妹在護士站對我打手勢，要我過去跟他們講個話。我來到門外和他們遇上，潔姬說：「海瑟，我不知道要怎麼跟你說這件事。我剛打電話給療養院，喬瑟夫在大約十五分鐘前已經因為心臟病發而過世。」

母親在兩天後往生。儘管我並未看到我父親的影像，但是他曾來找我的母親，而現在他們得以再次團聚，這項事實讓我得到很大的安慰。自父母往生以後，我很少提到這件事，但這件事給我的感覺就像是我擺脫了一場醫療惡夢，然後得到了上天出手干預，讓母親與父親得以在彼此相伴的情況下平靜地離開人世。我承認這件事已經超出了我的理解範圍，但是我相信，我是得到了某種特別的機緣得以瞥見不常有人見到的那個世界。

我經常說，沒有人會獨自一人踏上返家之路，而我認為臨終影像提供了足夠的證據證明這件事情的真實性。**不論我們的離世過程是緩慢抑或突然發生，是讓人吃驚或者早有預料，總是會有親人伸出援手，陪同我們返回家園。**這些體驗通常有助於讓垂死的病患平靜下來，減少他們對死亡的恐懼。對留下來的親友而言，這些體驗也能在他們的親人逝世後發揮極大的療癒作用。

如果你知道某人即將步入死亡，他們還開始提到某人的造訪，我能給大家的最好建議是，問他們和那次造訪有關的問題——然後帶著開闊的心胸聆聽。出現的人可能令你感到相當訝異。

希望隨著愈來愈多人變得更能接受臨終影像的現象，加上有愈來愈多關於這種現象的著作面世，有助於讓大家認清對於死亡其實無須害怕。更重要的是，我希望這些故事和這本書能夠佐證我經常提到的一切——**就是人們應該把握當下充實自己的生活**，畢竟這一生相當重要。人生苦短，我們浪費的每分每秒都永遠無法追回。

接觸寶貴的瀕死體驗

《紐約時報》將身兼哲學家、醫師與作家身分的雷蒙・穆迪（Raymond Moody）博士稱為「瀕死研究之父」，是他創造了「瀕死體驗」一詞，該詞首先出現在他一九七五年的開創性著作——《死後的世界》之中。他令人驚奇的深入研究，將人死時會發生什麼事這個主題，帶到了大眾面前。

雷蒙是多年來我有幸共事過最聰明的學者之一。他的機智、受過的教育與知識——甚至是他抱持懷疑的態度與科學頭腦——都使得他更容易吸引人聆聽他的論點。

雷蒙進行了非常詳盡的案例研究，與曾經往生又回來的人面談，聽他們講述他們的瀕死體驗，並且將訪談結果記錄了下來；這些真實人生的描述必定曾經幫助過許多人改變其對生與死的思考方式。

死亡又起死回生的人

根據曾經在臨床上死亡又起死回生的人所描述的經驗，他們先是離開了自己的肉體，接著目睹自己的靈魂漂浮在自己身體的上方。他們可以清楚看到在他們下方所發生的事情，例如醫生和護理師繼續手上的工作，或甚至看到另一個房間或另一個地方正在發生什麼事。在這些人的故事中，他們大多提到經歷失重的感覺，以及覺得從痛苦當中獲得了解放。在實際死去的那一刻，他們說他們感覺得到了解脫。當他們往下看到自己的肉體時，他們知道那是他們的身體，但奇怪的是，在情感上或意識上都不再覺得自己與那具軀體有關聯。

他們很少提到處於死亡狀態是什麼感覺，卻相反地會強調感覺到自己比以往更有活力！他們的感官變得更敏銳，他們的聽力與視力都有所加強。他們察覺到自己擁有一具類似肉體的身體，不過這具身體是透過某種方法以更好、更透明的材料所構築。他們見到的是自己的靈魂體——這具身體不會再感受到痛苦，不會受到時空所拘束，得以自由地往任何吸引它的方向而去。

光之通道的過渡體驗

有許多故事提到那些往生的人會進入一個光的通道，在那裡，他們得以和比他們早走一步的親朋好友甚至寵物相會；有些人則是說有光之靈來迎接他們。他們描述有個美麗的地方，那裡的美超出他們最瘋狂的想像，也提到感受到平靜與無條件的愛。

儘管他們可能很想留在那裡，但是在某些瀕死體驗案例中，他們會得知自己不能留下而必須回去，原因是他們的時間還沒有到。而在其他人體驗的瀕死體驗中，他們卻確實能夠選擇是要留下還是回去物質界。

這些瀕死體驗從有人類以來便不斷發生，只不過現在有愈來愈多人站出來述說他們的故事。每當有人往生又回來，他們會講述當發現自己回到原本的身體裡，他們是有多麼震驚和訝異，然而現在他們改用全新的角度在看待生命，而且似乎更愛自己和其他人，並且表現出了更多的同情心。在那些曾有過這種體驗的人中，大多數人也都表示自己不再害怕死亡，同時能夠大幅度地改變自己的生命。

如同我先前所提，有些科學家主張，這種現象源自於腦部對於缺氧、藥物治療，或其他因為即將死去而產生的生化改變所做出的反應。然而，這並無法解釋在瀕死體驗中，人們為何描述得出發生在另一個房間的事情。

穆迪博士的好幾個案例都提到，當事人可以看到他們在等候室或醫院禮拜堂的親人或聽見他們說話；在他們被救回來返回自己的身體之後，他們能詳細描繪自己確切看到或聽到了些什麼，這些之後都可以從他們的親人那裡得到證實。

體會共歷死亡經驗

穆迪博士是第一個研究「共歷死亡經驗」P296並著書加以論述的人，他在二〇一〇年出版的書《瞥見永恆》便是他的成果。在這類難解的事件中，家人、朋友、旁觀者或無關的醫護人員或看護，都有機會體驗到即將往生的人，在從這個塵世前往下一個世界時最初那段轉換的過程。有趣的是，沒有任何關於瀕死體驗的「合理」解釋可以用於說明共歷死亡經驗的情況，因為這些旁觀者既沒有接受藥物治療，也沒有快要死去，因此不可能產生幻覺。穆迪博士認為，共歷死亡經驗為來世的存在提供了迄今最令人信服的證據。

穆迪博士在一九九四年經歷了自己的共歷死亡經驗，當時他的母親即將離世，他和他的兄弟姊妹圍繞在她的床邊。在她死亡的剎那，不論集體或個人，他們都有了非比尋常的體驗。他們都感覺到了一股向上的強大拉力，房間裡的光線也變得柔和又模糊。他發覺整個房間的配置都變了形，他的姊姊則是看到他們的父親來接他們的母親。在房間裡的人，他們感受到的主要感覺並非悲傷，而是轉變為喜悅的體驗。

共歷死亡經驗、瀕死體驗與臨終影像現象中的細節可能頗為雷同，但絕不會出現兩個完全相同的情況，而每個人也都可能在其中體驗到某種不同。有文字記錄的共歷死亡經驗通常會包括下列其中一種（或一種以上的）情形：

- 看到房間變形。
- 聽到美妙動人的音樂。

- 看到靈魂或霧狀物從即將死去的人的身體中浮現。
- 一同經歷靈魂出竅的體驗。
- 身體感覺到有股向上的強大拉力。
- 被充滿愛的明亮光芒所吞沒。
- 一同體驗即將離世之人的生命回顧。
- 陪伴當事人穿過部分通道。
- 已逝的親友跟你打招呼。
- 碰觸到天界。
- 有被拉回到現世回復正常的感覺。

有過共歷死亡經驗的人也會更珍惜生命，不再害怕死亡，這種體驗經常會改變他們對來世的看法。經歷過共歷死亡經驗的人，可能會發現自己的悲痛因此大幅減緩，他們儘管仍舊感到哀傷，但也會得到撫慰，知道他們的親人在靈界過得很好，以及他們絕對會再次和他們再次相見。

第三章

從哀傷到相信

每個人都是以各自不同的方式在哀傷。每個人有自己的速度，無法加以催促、控制或甚至強迫。隨著你開始放下，同時學會自立，你將感覺到自己仍然活著——而在此同時，你的親人其實就陪伴在你身邊。

在完美的世界裡，愛一個人不會帶來難過、悲傷或痛苦。然而，在我們的世界裡，現實是無可否認的！在我們的生命中，總有某個時刻會讓我們經歷最難以承受的失去之一，沒有人有例外，那就是——我們所愛之人的離世。

無法規避的哀傷過程

不論你失去了誰——不論是祖父母、父母、配偶或伴侶、孩子、朋友、同事，或甚至心愛的寵物——以下這項事實沒有任何辦法規避，那就是：你必須去面對因為失去某人而哀悼的這個過程，以及這項失去所帶來的痛苦。

哀傷可能影響我們的身體、情緒、精神與心靈，對我們每個人而言，**哀傷都是獨一無二的私人感受**。至於面對哀傷該如何反應，那沒有任何固定的準則，許多因素都可能影響你個人的哀傷感受，例如你的性格、生活經驗、處理能力及信仰。

人們面對失去的方式經常取決於面對死亡的相關情況。如果是突然失去你所愛的親近之人，可能你會感覺自己的生命突然缺了一塊，你會自然而然地心生一種情緒——你沒有足夠的時間說再見；若是長期患病的情況，儘管你必須看著親人受苦，卻通常會有時間說話，聊聊極其重要的那一切小事，如此一來，當他們最終離去，你可能會有罪疚感，但也會為你的親人再也不用痛苦而感到輕鬆。

請大家務必了解，這幾種情緒**完全都是正常的**；沒有人會想看到自己在乎的任何一個人受苦，尤其考慮到他們可能因此失去自己的尊嚴、獨立性與原本的個性。

在我的執業生涯中，突然失去與如預期失去兩種情況我都處理過。人們時常帶著一般人都會問的一連串未得到答案的問題來找我：**我所說的話、所做的事，是否都已經足夠？他們是否知道我有多麼愛他們？現在的我是否能夠獨立完成我們共同的夢想？神在哪裡？我是否足夠堅強，能夠度過這一切？**

人們對我述說他們的寂寞以及他們的心有多痛，說這一切是太過沉重的負荷，超出了他們能承受的範圍。「我們」已經變成了「我」，在體認到這項現實以後，隨之而來的是當前的問題必須處理，例如怎麼管理財務及撫養兒或孫輩長大。接著，伴隨著現實的壓力，人們通常會心生對上天的怨懟或失去對更高階力量的信仰。再次提醒：面對哀傷，這些是很自然的反應——不論你的年紀有多大，也和你與親人相處的時間多長沒有關係，會感受到如此強烈且深刻的情緒，**是完全正常的**。

在失去親人之後，你可能會感受到很多種情緒，包括震驚、憤怒、罪疚與悲傷。如果你覺得這些感覺令你難以承受，擔心它們永遠都不會褪去或消失，請試著記住一件事：這一切其實相當正常。**學習接受這些感覺，讓自己去「體會」現在所擁有的感受，是療癒過程的根本階段**。

從哀傷中站起來

由於每個人都是以各自不同的方式在哀傷，因此你可能經歷各式各樣哀傷的症狀，例如身體感覺精疲力盡、無法入睡、健忘、胃口減少、沉溺於食物和酒精，或是投身於工作，藉此逃避面對悲傷。有些人可能個性變得內向寡言，時常突如其來就哭個一陣子，或是會像做夢一般恍惚地走來走去。

復原需要多久時間，沒有固定的答案；每個人有自己的速度，無法加以催促、控制或甚至強迫。對某些人來說，療癒可能只需數週，而其他人卻可能得花上數個月或甚至數年的時間。有些人會覺得，他們放下了喪親之痛，就彷彿他們會將所愛之人完全拋到了腦後——請大家要知道，**實情並非如此**。對於喪親之痛，我們並非註定要緊握不放。

假使過了六個月以後，哀傷仍舊是非常沉重的負擔，而你還在掙扎，想要回復尚可的生活品質，卻又無力顧及生命中其他重要事物，那麼我的建議是，尋求專業的悲傷輔導人員或治療師的協助。伸手求助絕對沒有任何不妥，有時我們的家人或密友並無法提供減緩我們傷痛所需要的勸告。

想逃避失去某人的痛苦並沒有任何辦法，但是要度過這些痛苦的時刻卻是有方法的。別對自己太嚴厲，要有耐心，依據自己的情況與步調找出對你來說效果最佳的方案。首先要為你的失去哀悼一段時間，之後接受便會慢慢取代痛苦，痛苦會開始減緩。最後，這樣一天天下來，喜悅與希望會慢慢開始出現。你會注意到自己開始能夠提及已經離世的親人，而非讓你的記憶占據你所有的思緒，進而將你淹沒。

隨著你開始放下，同時學會自立，你將感覺到自己仍然活著——而在此同時，**你的親人其實就陪伴在你身邊。**

相信有死後的世界

對死後世界P296抱持相信的態度並不一定是理所當然的。有些人到了生命的某個時刻會問自己問題，其中最深刻問題之一就是：我死後還會繼續活著嗎？

當有人被死神帶走了親人，世界各地有上千萬人會提出如下問題：

「是否真的存在死後的世界？」

「我感覺他們還陪伴在我身邊，這是我的幻覺嗎？」

「他們是否是他們還在這裡時的同樣一個人？」

「他們知道我有多麼想念他們嗎？」

正是這些及更多類似的問題，真正確認了通靈為什麼有如此深遠的貢獻。通靈提供了無可否認的證據，證明了——**當肉體不再時，生命確實會繼續存在**。

許多人都體驗過來自靈魂的訊息，儘管這些訊息可能極其難以捉摸。你可能一開始沒有注意到這些訊息，尤其如果你還在為失去親人而感到哀傷，你甚至可能說服自己某件事不可能是訊息，而將其歸因於巧合。

然而，我真的想要提醒大家，你們的親人會想幫助你們走過哀傷。他們想要讓你們知道，他們仍是你們生命中很大的一部分。他們想要透過這種方式告訴你們，他們會陪伴你們度過低潮，也會與你們一同分享開心的時刻。在你變得更能察覺其中的關聯後，知道在那些生日會、野炊活動、週年聚會及家庭慶祝活動中，他們其實仍陪伴在你身邊，這一切將帶來相當大的撫慰。他們極其享受參與的過程，同時沉湎於仍舊在這個塵世上的親友所給予他們的愛。**愛是十分強大的力量，能夠吸引他們接近，同時有助於建立陰陽兩界之間的聯繫。**

當你開始相信或認知到你的靈魂不會死亡而是會繼續存在以後，隨著「你在彼岸的親友」不時靠近你，你會從中獲得力量與肯定，尤其在你最需要支持的時候。只因為他們的肉體不存在於這個塵世，並不代表他們的靈魂沒有陪伴在你身旁。

在進行通靈演示期間，我經常向觀眾說明，我無法明確證實有死後的世界存在！當我們到達那裡時，我們就會知道那個世界是真的。這讓人想起一句知名的諺語：「眼見為實。」有些聰明人將字句稍加變化，創造出全新的意義：「相信即可眼見。」（我覺得這種說法比較有道理！）

身為一名通靈師，我知道自己只能盡力提供我所接收到的最充分證據，以證明我們的親人還好好地活在靈界。我的目標是讓只要一個人在看過我的某次演示後說：「他怎麼可能知道這麼親密的事實？這些事只有我自己和我的親人知道而已。」我想要至少有一個人感覺受到啟發，進而自己進行與這項主題相關的研究。如有人因此得到幫助，得以克服他們的喪親之痛，或有人的痛苦能夠減輕，只因我開啟了一扇門，讓人相信很可能真的有死後的世界存在……，那麼我覺得我已經盡到了自己的責任。

在過去的歲月裡，我已經傳達過成千上萬則訊息，但是我永遠不可能忘記以下故事中所傳遞的訊息。我稱這類故事為我的「珍藏」。這個故事的主角是一名慘死的男孩，以及很長一段時間都一直對他念念不忘的母親。在彼岸的那些人有時會多耗費一些心力，以幫助在塵世的某個人接受並相信真的有死後的世界存在。

給母親的向日葵

據說每朵花，都是來自天堂的笑容；這一天，某人將收到一件特殊的禮物！

幾年前，我曾去參加美國知名身心靈出版社賀氏書屋所舉辦的「我做得到」大會，地點在美國華盛頓州的西雅圖市，並在其中的一場會議中進行過一次通靈演示。在這場盛會開始前，我沿著西雅圖最知名的地標之一——派克市場的步道閒逛。在這裡，每個人都在享受美好的天氣，空氣中充斥著喧鬧聲、誘人的氣味及明亮的色彩。市場裡到處都是小販、藝術家、音樂、各種商店，以及坐滿了人的餐廳。

當我在欣賞許多不同風格的花藝陳列時，某束向日葵吸引了我的注意，我無法將自己的眼神從這束花上移開。我在那裡站了一會兒，思索為什麼自己會受到這束花的吸引。的確，我很喜歡向日葵的絢麗與顏色，但是我也知道自己沒有打算只是為了隔天帶著這束花搭飛機返家就買下它！儘管如此，我就是感覺有一股難以抑制的衝動要我買下這束花。這是很清楚的信號，是來自天國的那輕輕一推。

我從過去的經驗中學到，在類似這種情況出現的時候，最好就是跟著直覺走。顯然是身在彼岸的某人要我採購一些向日葵，我以前也接收過像這樣的訊號很多次，只是都與花無關，而可能是關於水晶、相片，或其他某些特殊的紀念品。每次我都會在稍後得知，這份禮物對即將收到禮物的人而言有何特殊意義。你看，這份禮物其實並非來自於我，我只是在受到驅使的情況下買下它，同時確信它終將到達正確的收禮人手上。

當然，我立刻就買下了這束向日葵。在我心裡，我知道自己必須將這束花帶去「我做得到」大會。在會議中心，我請大會的組織幹部將花束放到講台上靠近我的身邊。

我走上台，開始進行我一貫的介紹性演說內容，說明通靈是什麼以及在場的每位觀眾可以期待些什麼。整段期間，我都可以察覺到旁邊桌上黃色向日葵的存在。在我的演講將近尾聲時，我感覺到那些彼岸的存在逐漸靠近。今天他們排成了隊，猶如為了黑色星期五減價活動在等待店門打開一般！這個下午將會相當忙碌。

時間寶貴，所以我馬上便讓靈魂上場。傳來的訊息密集又快速，要傳遞的對象包括了母親、父親、孩子、丈夫、妻子，以及朋友。那真是既美麗又感人的時刻！

在感覺這個下午即將結束時，我再次看向那束向日葵。我可以感覺到：不論是誰促使我買下這束花，他終於要讓我知道他的存在。就好像他一直在等其他所有人都先上場，這樣他就可以得到我全部的注意。

現在，我應該先說明，當我收到像這樣的信號，我並不會就脫口而出說：「在場有哪個人喜歡向日葵？」如果我這麼做，馬上會有一大堆手舉起來！我必須確信不論我應該要傳遞的是什麼樣的訊息，這道訊息傳來時會從靈魂那裡帶來足夠的資訊，以確保信息傳遞給他們的親人時，只有這些親人能符合接收的條件。

我可以感覺到那名年輕男孩的旺盛活力，他急切地想和他的母親對話。他的母親長期處於悲傷之中，因為他的死亡來得如此突然，她完全沒有機會與他道別。我很快便確定他是她唯一的孩子——我非常能夠體會一名母親在孩子還這麼小時就失去他，所承受的傷痛會有多麼深刻。

在那名男孩與我建立聯繫後，他確保我得到了足夠的證明，以便將她從超過了一千人的觀眾當中揀選出來。他提供了與他的死亡相關的明確資訊，包括發生的地點與時間。他告訴我他的母親現在在做什麼，還說到她從未真正確定自己是否要相信死後世界的存在。最後，我一清二楚地聽見他那非常輕柔而又十分可愛的聲音說：「現在請把那束向日葵拿給她吧。」

「啊，所以是你讓我買下了那束花。做得好，孩子！」我在心裡這麼對他說。

我告訴男孩的母親：「這位母親，在他們離開前，你的兒子想要確定你知道剛才那真的是他，還有他現在很好。死後的世界的確存在，所以你會再次看到他。」從那位女士所坐的位置，她看不見在我身後桌子上的花束。我轉身把花束拿起來，接著走過去將花束放到她的懷裡。「你的兒子想給你這些向日葵！對你們兩個來說，這束花顯然代表了某種意義。」

這位女士用雙臂緊抱住那束花，臉上帶著大大的笑容和喜悅的淚水。她緩緩轉身面向觀眾，告訴他們向日葵是她最喜歡的花。每到特殊時刻，在她的兒子想要表達「媽，我愛你！」時，他總是會送向日葵給她。他從來不送玫瑰或雛菊或其他任何一種花——永遠都是向日葵！

她說，向日葵之所以特別不只是因為它們的美麗與絢爛，更是因為它們是來自於她的兒子的這項事實。他們會開玩笑說，向日葵真的是「兒子花」。她接著說到她現在仍會帶著向日葵去她兒子的墓地看他；在演示的最後，我給了她一個擁抱，然後對她說：「他很愛你，這次輪到他再送你一次『兒子花』了！」

不論是我或者其他任何人，都無法以逼迫的手段讓人相信有死後的世界存在。你必須從放開自己的心胸開始，然後通往彼岸的門才可能打開。不論是距離或者時間，甚至是死亡，都絕對無法將你和你已逝去的親人分開，因為——**愛，才是真正的永恆。**

只在一念之外

以下這個場景大家必定都很熟悉。

你突然想起某人，於是你便拿起電話撥打他們的號碼。接到電話的人聽見你的聲音後聽起來有些訝異，說道：「我剛還正在想你呢！」

你可能認識有某兩個人會經常幫彼此把話說完，或是會在確切同一時間說出一樣的話，這種情形可能出現在配偶、長期夥伴、父母與子女、兄弟姊妹或摯友之間。當這種情況發生，我們通常會一笑置之不把它當一回事，將其歸因於純粹是巧合——**但情況真的是如此嗎？**我們如何能解釋家人是怎麼常會知道彼此何時出了問題？或為什麼某些人只是想到了他們好久不見的某個人，接著當天稍晚他們便會碰見對方？

我不認為這些只是巧合或運氣的隨機結果，這些就是我一直提到的「靈魂對靈魂的聯繫」。許多人認為這是某種形式的心電感應，也就是透過意念傳遞與接收訊息和資訊的能力。心電感應的英文為telepathy，由希臘文字根tele與pathy所構成，意思是「遠方的感覺」。這是思想轉移的一種方式，在並未使用肉體感官的情況下，能量交流發揮了通訊線路的作用。在彼岸的那些人如果想與在物質界的我們聯繫，同樣是採取這種做法。**思想的能量是一種精神力量——而我認為這種能力的動力來源就是愛的力量。**

愛與思想的力量，讓我們得以繼續和彼此保持聯繫。有多少次你發現，自己正在想念已經往生的某個人，而他們的身影突然就出現在你的腦海中？情況有可能是，就在那同一時刻，他們也正深深思念著你。**你的親人其實就只在一念之外。**

要說明這項觀點，我想和大家分享以下這個可愛的故事，內容是關於有個小孩如何相信思想的力量。

有個叫做黛西的小女孩在十歲這個幼小的年紀便往生回到了靈界。在最後的那段時日，黛西曾抬頭看向她的母親表示，她正在和她幾年前就已經過世的小弟弟說話。事實上，根據她所說，那名小男孩就站在她的旁邊，而他們兩個正相當熱切地在交談當中。

困惑的母親問：「妳是怎麼跟妳的小弟弟說話的？我沒有聽見任何聲音，也沒有看到妳的嘴唇在動。」

小女孩咧嘴笑著回答：「媽咪，我們只要用想的就可以說話啦！」

每一次我進行通靈演示或幫人進行一對一感應，從靈界傳遞給那些還在這個塵世上的人的愛，再再令我感動不已。要記得，即便你離開人世，在你的靈魂意識中仍保留有你在這一世的所有經驗與記憶。你的靈魂在你的一生當中所積累的全部經歷，也都會隨著你前往靈界，你對親友的愛也是如此。被留下來的人時常感覺得到，他們已經化為靈魂的親人所傳來的關愛之情，這種情感會觸動他們的心靈。

當然，所建立的聯繫發揮的是**雙向**的作用。你也可以將你的想法與愛傳送給你在靈界的親人。

你真的在那裡嗎？

當某人往生，離開這個世界，我們慣常採用的熟練交流方式會暫時受到阻斷，直到新的溝通模式建立。而這種新的溝通模式是**以心靈為管道**。

通靈師以精神進行通靈，親人的靈魂會經由心靈對心靈的心電感應連結，與通靈師建立聯繫。聯繫一旦建立，通靈師就會透過天眼通能力、超覺知力或天聽能力來接收資訊。靈魂傳送給通靈師的文字、影像或感覺，都是確認他們身分的核實程序。

然而，如果你想與已經離世的親人聯繫，或是想感覺和他們更靠近，**你不一定要找通靈師**。許多來找我的人渴望能與彼岸進行交流，但實際上他們所得到的都會是第二手的資訊。不論你是在近期或是很久以前就失去了某人，要知道你可以自己與他們建立聯繫。他們確實會接收到你的想法，更進而盡力提供相對的幫助。

許多人以為親人在死後會立即變得無所不知。雖然靈魂在彼岸期間會自然進化，但他們仍舊是你熟悉的那個人。隨著他們重新認識他們真正的家，亦即靈界，他們自己也在學習新的事物。他們會盡力提供我們指引；或許輕輕地將我們往正確的方向推，讓我們能夠在正確的時間出現在正確的地方；以及當然，他們也會繼續愛著我們。**然而，他們無法帶走我們在這個塵世註定要學習的因果教訓**P296。

你的親人知道你正在經歷些什麼，他們也體會得到你有多麼想念他們。許多人在經歷失去後都曾經說過：「真的好怪，我感覺他們彷彿就在這裡，就在我的身邊。」出現這種情況的原因很簡單：他們很可能的確就在那裡，以靈魂的形式陪伴在你身旁！他們傳遞給你的那些微妙跡象，很容易就會被錯過——當你還身陷悲傷、你的情緒還極其敏感的時候，他們曾試著安慰你，但此時的你特別容易遺漏這些信號。

當感覺合適的時刻來臨時，我建議大家坐在某個舒適的地方，試著暫時排除或平撫心靈中的嘈雜聲響。

現在，只要專注於將你的想法傳送給你的親人。將你的禱告、你的期許、你的愛傳給他們……，以及如果需要的話，將你的諒解也傳送出去。

在傳遞訊息時，你不用期望會得到某種戲劇性的回應——像電影裡的場景一般、靈魂直接現身在你面前這種事是不可能發生的！你可能不會聽見有很大的聲音在你的耳邊轟鳴，在一開始，你甚至會感覺好像自己完全沒有成功一樣。然而，請繼續說話，將那些充滿愛的想法傳遞出去。你會知道自己是否建立起了聯繫，那很可能是最難以察覺的那種感覺，猶如一點光亮在你的靈魂上閃爍一般。你得到回應的方式可能會與你的預期不合，因此，你要讓他們知道你已經感覺到他們，確認你收到了他們的訊息。

努力不要讓任何人說服你相信那只是你的幻覺，你的心會知道你何時已經和你的親人建立起傳遞愛的聯繫。相較於我們本身正常的意識思考，那是一種完全不一樣的感覺！在你初次體驗到那種感覺時，你就會明瞭我的意思。相信我說的話：「他們想要與你對話——就好像你想要和他們對話一樣！」

第四章

建立橋樑

利用你的想像力，你可以感覺到、聽到、看到，甚至聞到在你周遭的一切。不論你的親人是身處這個塵世或身在彼岸，這種你和他們之間共享之愛的特殊羈絆，是絕對不會遭到破壞而消失的。

死亡無疑是生者最難以面對的一件事。大多數人都是在失去親人之後帶著沉重的心情來找我，他們渴望得到最後一次交流的機會、最後一個親吻或最後一個擁抱，以支撐他們度過這個塵世間不再有親人陪伴的餘生。面對他們，我經常會問以下這個簡單的問題：「他們真的離開你了嗎？」

在靈人的協助下，我盡我所能地幫助其他人了解真的有死後的世界存在，讓人們能夠藉此得到安慰。而除了證明靈界的存在之外，我也喜歡提供一些基本的工具與技巧，這樣在未來，他們就能更容易察覺他們親人的靈魂可能傳送給他們的各種信號；我希望他們甚至能夠獨立自主地與他們的親人進行聯繫。

要記得，**不論一個人是擁有化身（即靈魂存在於肉體之中）或是處於無形狀態（即以靈魂的形式身處彼岸），仍舊和其他所有人一樣，是由相同的靈魂根源或能量所構成**——亦即以靈魂對靈魂的形式與彼此連結。當你能夠透過自己的內心與已經過世的某人進行交流，就能夠提供第一手的證據，證明死後世界的存在。經由這種方式所得到的確認，是不會引起爭議或遭遇勸說就放棄的明確理論。一旦你學會提升你自身的意識，在精神層面上與你的親人彼此間建立起自己專門的聯繫管道，那麼持續的證據與充滿感情的交流便觸手可及。

提升自己的意識

想與在靈界的那些人建立聯繫，搭建起這個世界與下一個世界之間的橋樑，我們必須做到自己該做的任務。**其中第一步就是提升自己的意識（即自己的能量或振動頻率）**，如此一來，當在彼岸的那些人降低他們的能量，你們就能在中途會合，因而連結起陰陽兩界。

有幾種方法有助於提升一個人的意識，包括利用**冥想**（第一一四頁）以及**了解並運用脈輪系統**[P297]（**能量中心**[P297]），這些本書的第三部分（第一六五頁）會討論。我也鼓勵大家**發揮自己的想像力**；想像力的力量能夠帶領你前往更高的界面——你在靈界親人的安居之地。想像力是你直覺的遊樂場，在你的靈魂感知中扮演十分關鍵的角色。想像力有助於開發你的精神能力，而精神能力在靈魂的溝通過程中具有相當重要的作用。

幾年前，我做了一本引導人們進行冥想的專門有聲書，書名為《橋樑》（可透過賀氏書屋與john-holland.com進行下載）。利用音樂、顏色與想像的力量，能夠在你的心中創造出一個安寧的空間，讓你得以與你在彼岸的親人接觸。在這本冥想有聲書中，我讓聽者攀爬一組階梯。在每段階梯的頂端是一扇彩色的門，每扇門都代表了不同的脈輪。通過一扇扇門，你就爬得愈來愈高，而這一切都是為了提升你的意識這個漸進過程的一部分。在你爬完所有階梯，打開所有的門之後，你就會來到一片美麗的草地。利用你的想像力，你可以感覺到、聽到、看到，甚至聞到在你周遭的一切。最後，在你越過一道小橋後，你會發現自己身在一處私人露台，你的親人便是來到這裡與你相會。

曾利用過這本冥想書的人給我捎來了許多訊息，告訴我他們因此獲得了來自父母、配偶、孩子、朋友、甚至是心愛寵物的造訪！現在你可能會問：「但是那真的有發生嗎？」「那不是他們的幻想嗎？」然而，想像力幾乎是上帝銘刻在每個靈魂上的創造性力量。透過冥想沉靜心靈的過程，加上自身想像力的驚人力量，你就能夠搭建起由以太能量所構成的愛的橋樑，讓你得以與你的親人保持聯繫。

雖然你可能希望能夠透過冥想聯繫上特定的親人，但是你並無法控制到來的人是誰。通常會有一大群靈魂作為人類的後盾，為人們提供服務與幫助，儘管他們設法協助的那些人大多都不知道他們的存在。有時，你可能會遇見來自你遙遠過去的某個相識，例如某位老師或甚至是某位嚮導。**你可能不見得會遇到你想找的人；不過你會碰見你需要的人。**

愛的特殊羈絆

下次你發現自己正在想念某個親人時，試著不要去想他們正處於某個遙遠的地方：他們其實就在你的身旁。他們並非是以有肉體的形式存在於塵世，但是他們的靈魂就和你在一起。只要記住，在靈魂的感知中，絕對沒有分離這個問題。為了說明這項論點，我要分享以下這個來自我非常親近的某位家人的故事，這個故事證明了你的親人會陪伴你度過所有悲傷的時刻，也會與你一同分享美好的時光！

愛搭起的陰陽橋樑

將我們與家人聯繫在一起的羈絆，不僅僅是血緣——還有愛。克里斯與他的妻子克萊兒站在美國波士頓法尼爾大廳會議室的包廂裡。儘管這幢知名建築十分美輪美奐，但是他們來到這裡並非為了觀光，而是為了觀看他們引以為榮的兒子查理宣誓就職成為一名律師。

學生的名字一個個被叫到，很快就輪到查理起身接受他的法律學位。就在查理的名字被念出時，克里斯開始覺得他的身邊有某個存在出現。那感覺就像是他自己的母親就站在他的身旁，而她多年前就已經離世。隨著克里斯漸漸明瞭發生了什麼事，他開始顫抖。他不曾希冀或期望會出現這種情況，但是在他的內心，他感覺他母親的靈魂就在那裡，用她的愛表達對他以及對她孫子的支持。在她還在世時，她就從來都不想錯過任何事情，現在她顯然是想要參加她孫子的畢業典禮！

克里斯熱淚盈眶，同時，他又感覺到有另一個存在接近，還有一隻手搭到了他的肩膀上。在他心中，他聽見了他早年去世的父親的聲音：「兒子，我真感到光榮。」

當克萊兒抬眼看見她先生的表情，她可以明顯看出他的情緒相當激動，但是她以為那是因為他們的兒子即將畢業。克里斯十分以自己的兒子為榮，他引以為傲地笑得合不攏嘴，但是他同時也在為來自他父母的愛而激動難言，他的父母顯然也想參與這個場合！

當他的兒子抬頭對著他和其他家人微笑，克里斯永遠不會忘記他兒子眼中的神情，以及在那特別的一天他所感受到的包圍著他的深切愛意。**那天完全不需要可以通靈的靈媒，他和他的家人所感受到的愛已經滿足了一切所需條件，搭建起一座讓他的父母得以跨界的橋樑。**這段記憶銘刻在他的心裡，永遠沒有人可以從他身上奪去。

感受愛的力量

愛是我們存在的基礎。愛不僅是一種感覺，也是一種能量。通靈師、大師與先知超過數千年來不斷灌輸給我們的觀念，如今量子物理學家已經加以確認：那就是世上沒有固態物這種東西。**宇宙中的每樣事物，包括你和你的思維，都是由能量所構成。**組合成天空中星辰的能量，就是在宇宙中流動的相同能量——存在於每個人體內的熱能也同樣是這種能量。

由於我們是由能量所構成，因此我們會調整出並吸引我們引起共鳴的相同頻率，這就是吸引力法則的基礎。這項法則最簡單的定義就是，思想有如磁鐵這項觀點。你可能聽過這句話：「同類相吸。」嗯，其實更應該是**相同的頻率會吸引同樣的頻率**。正面的想法會幫助你調整成你想得到的正面頻率。

- 如果你傳遞出表達愛的想法，你會吸引到關愛。

- 如果你感到害怕，你會將恐懼招來到自己身邊。
- 如果你親切寬容，你會吸引到善意。
- 如果你心懷感激，你會獲得成功。

隨著你產生想法，你會開始有感覺；隨著你產生感覺，你會開始振動；而隨著你的振動，你會開始產生吸引力……。換句話說，你所吸引的完全是你正在產生共鳴的對象。

我認為**愛的能量是存在於整個宇宙中最強大也最具癒療作用的力量**。如果你對身在靈界的人傳遞的是充滿愛的想法，他們會感受到那份愛，而愛會吸引他們靠近你。

反之亦然。**你的親人一直都在設法得到你的注意，並且盡一切努力想讓你知道他們就陪伴在你身邊。然而，在感到極度悲傷與寂寞的時刻，並不一定有辦法感覺得到他們，或是感受到他們傳遞給你的愛有多深**。

不論你的親人是身處這個塵世或是身在彼岸，這種你和他們之間共享之愛的特殊羈絆，是絕對不會遭到破壞而消失。

建立聯繫的原因

有許多不同的原因，促使人們想與神靈或已經往生的特定親人建立聯繫。在大多數時候，我們可能會認為是我們主動與彼岸建立起溝通的橋樑，但是在許多情況中，其實是靈界率先傳遞出了訊息。

你可能會問：「在彼岸的那些人為什麼需要得到來自於我們的消息？」

有時答案並不深奧，反而極為簡單。

身為一名通靈師，在我進行過的感應中，有無數次我聯繫上的某位親人只是想要表達他們的愛、提供撫慰，或他們是帶著歉意而來，為他們在物質界期間所做的某件事道歉。

來自已逝婆婆的歉意和愛

在不久以前，我進行了一次小組通靈活動，這類活動的成員一般都是八到十人。即使參與人員尚未到達，我通常都會事先做好準備：放開自己，讓想要進行交流的靈人能夠聯繫上我。有些人參加這類小組活動是渴望能夠聽見來自某個人的消息；不過，有時候到來的卻是在他們預期以外的人——甚至是他們不想收到任何音訊的某人！我無法控制會發生什麼情況，因為主控權不在我的手上；靈界才是主導。**通靈無法透過強迫的手段進行，而我當然也沒有能力召喚死者。某個靈魂之所以到來，永遠有他的原因。**

我以我一貫的方式開始這個特別的夜晚，先解釋我怎麼進行通靈，以及靈魂如何利用我的精神感知傳達訊息，讓我能夠感受到、聽到及看到資訊。在我的介紹中，我會說明我對他們的唯一要求是，當他們聽見某件事是對的或他們有所共鳴，他們要表示確認，但是他們不需要提供任何資訊。**在場觀眾提供給我的資訊愈少，就個人而言會愈好。**當天晚上，整組共八個人圍坐成了一圈，我可以看到有人的眼中充滿期待，有人則是滿目悲傷。

當我在解釋自己進行通靈的方法時，那是我開始放開自己去感知靈界的方式。我將自己的想法送往靈界，加上幾句問候：「哈囉，朋友，歡迎來訪。接近我的時刻到了。」在我說話期間，我通常會感覺到他們逐漸接近，他們會提供與他們的身分和他們是怎麼離開人世有關的具體資訊，如此一來，小組中的某個人便能接著確認關聯，進而接收訊息。

在這個特別的晚上，我感覺到有位上了年紀後才過世的女士從彼岸而來。她提供的資訊十分清楚，她要找的是一名叫做安的女性。我轉向安說：「我感覺我想要對妳說話。你是否認識一位年長的女士，她的名字是海倫，是妳的家人，死於心臟相關疾病？」

浮現在安臉上的失望神情令我訝異。她說：「是的，我知道她是誰。她想要幹嘛？」她顯然並不想聽見這位女士的消息！安繼續提到，海倫是她的婆婆，幾年前已經往生。事情很明顯，海倫還活著時從未接受過安是她的媳婦。對安來說，兩人之間的關係相當緊張，而她只是為了她的丈夫才會忍受她的婆婆。

我告訴安，靈人想要過來需要耗費多少功夫：如果她同意，我有把握能夠找出海倫為她而來的原因。海倫承認自己在還活著的時候對安不好，所以她們倆是互相厭惡。事實上，她之所以在那個晚上與我聯繫，是為了請求安的原諒。她承認自己一直都很難相處，不只對安是如此，她在對待她生命中的其他許多人上，態度也都不隨和。我可以感覺得到她懊悔中的真誠，而在我心裡我更清楚得知這則訊息對安來說十分重要。

安一面傾聽一面點頭認同，而後便開始掉眼淚。她疑惑是什麼因素帶來海倫心態上的改變。我告訴她，在我們離開人世時，我們會經歷生命回顧，在回顧中能夠體會到自己還在這個塵世期間所做出的行為對他人曾造成什麼影響——不論正面或負面的。

原諒幫助彼此的提升

原諒這項舉動具有令人難以置信的力量，能夠幫助人們療癒與轉變。原諒是一種選擇。給予原諒不一定代表免除了人們因自身行為所應負的責任，而是關係到你的靈魂得以從緊隨著的痛苦當中獲得解脫。

當已過世的某人請求原諒，而對方也很直率地給予原諒，這能夠幫助在彼岸的靈魂有所提升，就如同原諒在這個物質界會有的作用方式一樣。即使某人已經往生，而你從未有機會對他們說聲抱歉，他們也能知道你在請求原諒，而不會耿耿於懷。

海倫又傳給了安一些與她的家人相關的證明，之後她說，她希望自己仍能是他們生命中的一部分。她在訊息的最後表示：「拜託，我知道妳來這裡不是希望得知我的消息，但是我想要為我對待妳的方式做彌補。請接受我的道歉，現在我把門開著換妳的父親過來。」安一手抹著眼淚，一手撫著胸口。我感覺海倫在慢慢往後退，我希望安能夠給自己一點空間原諒她的婆婆。

隨著安的父親出現，她開始面露微笑。畢竟，她真正想聽到的是來自她父親的消息。然而，如果不是海倫先聯繫上我，搭建起了溝通的橋樑，我不認為會出現現在這種情況。

我經常說：「你不一定能碰上你想見的人——不過來找你的會是你需要的人。」但在這個例子中，安不僅接收到了來自她婆婆海倫的愛，這是海倫在她那一生中無法顯露出來的情感，此外，安還得以與她極其思念的父親重逢。我相信當天晚上安在離開時，已然與過去的她不同，也希望在她靈魂上的負荷能夠因此減輕一些。

死後溝通

有一種特殊的語言能夠超越時空——這種語言不會被僅有的言詞限制所拘束，而是由記號、符號、能量與思想所構成。唯有在你真正留心時，才能聽見和看見這種語言……，那是神靈的語言。

你的親人在離開人世，再次安頓下來以後，通常會極力想獲取你的注意。他們送出訊息是試著想告訴我們，他們已經度過死亡這個階段，還有他們很愛我們，想要我們盡情享受自己的生活。要注意，要留心，因為可能是他們讓那道彩虹畫過了你的面前；讓你聽見收音機播放出那首熟悉的歌；讓你做了那個特別的夢，在夢中他們看起來既快樂又身體健壯。同樣的，他們的訊息也可能是突然呈現在你眼前、來自於他們所愛之自然創造的美景之一，或是他們最喜歡的花的美妙芳香，或甚至是你以為只是和風拂過在你臉上的輕觸。他們想要你知道：「我愛你，我並沒有離開，我還在這裡，就在你的身旁。你可能看不見我，但是我就在這裡。」

這些特殊的信號就是所謂的死後溝通，我也喜歡稱這些信號為「電話簽帳卡」P298。（我在我的上一本書《靈魂傳訊人》中寫到過這些特殊的信號與徵象，但是我覺得很有必要再概括說明一次，因為許多人可能沒看過那本書。）

我之所以開始將注意力放在死後溝通上，是因為《來自天堂的問候》這本書，茱蒂與比爾・古根漢（Judy and Bill Guggenheim）是該書的作者。他們兩人針對死後溝通進行了大規模的研究，訪問了超過三千人，這些人都相信自己曾經被已經過世的親人聯絡過。這本書收納了超過三百個關於死後溝通的故事，而茱蒂與比爾的研究得出了一項十分有力的結論，那就是估計有六千到一億兩千萬的美國人經歷過某種形式的死後溝通。這個驚人的人數告訴我們，死後溝通其實相當正常並且不斷在發生。

來自心靈的專屬信號

我們之中有許多人都體驗過共時性事件，或接收過來自於彼岸那些人的信號和訊號。然而，這些訊息很容易便會錯過，或人們會為了圖方便而以「巧合」來解釋它們。事實上，最近我才接收到一則訊息，我差點就隨意解釋過去——即使我已經從事這份工作許多年，這種情況依舊難以避免！

有天晚上，我走過我家廚房的操作台，腦中想起我往生於數年前的母親。突然，我聽見一聲輕響，接著，我注意到我放在操作台上某個杯子裡的筆和鉛筆不知怎麼地全都倒向了杯子的另一面。原本這些筆和鉛筆是往杯子的右邊倒，現在則全都倒向了左邊。我記得當時我心想：「嗯，必定是我走過時帶起了一陣風。」是的，沒錯！我得走得多快才能夠帶起那種強度的氣流？我想了一下當時的情況，明瞭那些筆絕不可能自行移動。我臉上帶著大大的笑容說道：「謝了，媽！我收到妳的訊息了！」

我必須在此強調，**死後溝通的進行方式並非是透過靈媒或通靈師，你不需要某種工具就能接收到或解讀這些訊息。**

死後溝通是一種心靈上的體驗，你無法控制它的發生。它的出現有許多形式，而且一般都相當私人。有些人會收到專屬於他們的特殊信號。以下是我最近聽到的一個關於不朽的愛的感人故事，有助於進一步證實上述觀點。

沙錢：愛的紀念品

據說大海會與靈魂對話，沙灘中時常埋著非常特殊的寶藏。潔芮與大衛有著一項他們經常兩人一起進行的唯美浪漫儀式：他們會前往當地的海灘，並不是去觀看日落，而是去散步，手牽著手看著美麗的波浪向他們湧來；只要他們身在那片特別的海灘，他們通常會做一件事——尋找被沖到岸上的沙錢（屬海膽綱的無脊椎動物，常被誤認為貝殼），那是段他們一起度過的特殊時光，他們很少不隨手帶些沙錢回家。每個沙錢都代表一段他們一起浪漫散步的特殊回憶。他們完全不知道有天這些珍貴的寶藏將具有超乎他們能想像的意義。

他們結了婚，生了個女兒叫萊麗，還有兩個兒子泰根與羅根。一切看起來幾近完美。然後發生了一件令人極度震驚的事，大衛罹患了高侵襲性的癌症，而且走得太快。潔芮失去了她的一生摯愛與她最好的人生夥伴；他們的孩子則失去了寵愛他們的父親。

就在大衛過世幾個月後，有一天潔芮在客廳陪她的小兒子羅根玩，當時羅根只有八歲。最近，他們倆都非常想念大衛。羅根即將開始一個新學年，那是他在高年級的第一年，潔芮知道羅根希望在這個重要的日子裡他的父親能夠在那裡支持他。她察覺到羅根的心情，於是伸出手輕聲說道：「你想要跟我一起下去到沙錢海灘上散個步嗎？」在她甚至還沒問完前，羅根便面露笑容跳下長沙發跑向大門。那就是他的答案！

當時是九月的第一個禮拜，海灘上幾乎是空無一人。就像過去潔芮與大衛一起做過的許多次一樣，他們什麼話都沒說，便開始找起了沙錢。他們沿著海灘來回走，將沙堆推到一旁，對海岸搜索尋找著他們的寶藏，但不論找得有多努力，就是一個沙錢都找不到。羅根的臉上浮現藏不住的挫折與沮喪。潔芮抬頭看向天空，在心裡說：「大衛，拜託給我們個信號。羅根明天就要開學了，而他現在真的很需要來自天堂、來自於你的一聲問候。」

潔芮將臉轉開了一會兒，這樣羅根就不會看到她的臉上有眼淚慢慢淌下。就在那時，她注意到有艘小船即將靠岸。她可以發誓那艘船之前並不在那裡，她不知道它是從哪裡出現的。在船上的那個男人站起身，一邊揮手一邊大喊：「哈囉！你們在找沙錢嗎？」

「沒錯！」他們兩人齊聲回喊，興奮的喊叫聲在空中迴盪。

那人帶著微笑指點說：「去那裡的那片沙洲找找看！」

潔芮與羅根向他道謝，接著便用跑的穿過海灘。潔芮回頭瞥了一眼，但是那人已經將小船掉頭直接離開。她心想，這真是奇怪，那人沒有問他們是不是在找貝殼、海玻璃，或甚至心形的石頭，反而明確提到了沙錢！

羅根興奮地跑在前頭，希望能夠找到一個紀念品就好。令他驚奇又欣喜的是，他很快便看到沙中露出一個新鮮的沙錢！接著一個又一個的沙錢出現在他眼前。他們愈找愈多！

潔芮聽見她的兒子高興地大叫，她面露微笑。「媽，媽，這裡又有一個！」他們找到的沙錢多到裝滿了他們身上的每一個口袋。他們在沿著海岸往回走時數了數，總共有四十三個沙錢。羅根邊笑邊抬頭看她，他的眼中滿是淚水。「媽，這比中了樂透還棒！」

在潔芮的心中，她知道是大衛助了他們一臂之力。她閉上眼睛，感受到輕柔的和風拂過她的臉龐，就像是一個吻。她的皮膚因為他的出現而顫動。

羅根繼續問道：「媽，在船上的那個人怎麼知道我們在找什麼？我猜是爸在跟我們打招呼！」

我確信會有更多更多的沙錢（以及其他死後溝通體驗）等待著潔芮和她的家人拾獲。這一切會一次次帶回永遠為他們所珍惜的快樂回憶，讓人想起那些陽光、笑聲、輕鬆愉快的散步、溫柔的擁抱，以及充滿愛意的吻。**簡單的信號可能具有深遠的意義；專屬於你的特殊記號，能夠填滿你的內心。**現在，潔芮只要沿著那片特殊的海灘散步，不論她是獨自一人或是有她的孩子陪伴，她都知道大衛就在她的身邊。

透過做夢進行死後溝通

在過去的歲月裡，我聽說過成千上萬個關於死後溝通的故事。有個男人的屋子裡滿是抽菸斗時的菸草味，這是因為點燃菸斗立刻讓他想起與父親的相關回憶。有名女性告訴我，她感覺到有人親吻她的前額，她知道那是來自於她驟然離世的丈夫。還有人曾對我描述在她床上的毯子上出現凹痕，大小跟她最近往生的寵物相同。**儘管靈魂要與我們進行死後溝通，有數百種方法可以利用，但是他們最常使用的方法就是透過夢境。**

處於睡眠狀態時，你的心靈並沒有在加班。隨著你的心變得平靜放鬆，你的左腦（負責分析的那一邊）得以獲得亟需的休息。靈魂如果想要溜進你的意識與心靈，這會是最容易的時候。不過，這種情況可能不會馬上發生。在我母親離開人世後，她花了一年的時間才得以進入我的夢境。我並未提出這項要求，但不知怎地我就是知道這種情況終究會出現。

我很喜歡問觀眾說：「誰曾經夢見過親人，而且你可以很肯定地知道那確實就是他們？」馬上會有一堆手舉起來。不論做那場夢的時間是在數天前、數週前，甚至數年前，對當事人而言，那次特殊的死後溝通體驗通常都是記憶猶新，猶如就在昨晚夢見的一樣。

我請人們描述在夢裡發生了什麼事、說了哪些話，還有那個人看起來情況如何，通常總是得到相同的答案。首先，他們的親人看起來總是健康又有活力，儘管他們在世時曾有病痛，他們的身體曾受到年歲的摧殘，或他們是因為某種創傷而過世。他們面帶微笑，看起來健康又完美。許多人都清楚地記得自己在夢中說過一句話：「你怎麼會在這裡——你已經死了！」

夢裡傳來的訊息通常不長。靈魂不用開口，他們會用思維向你表達他們還活著，活得好好的，還有他們仍然愛你。最重要的是，**他們想要你在這個塵世繼續好好活下去**，過得快樂，**並且知道你和他們終究會再次相見**。在這些特別的夢境裡，你可能只得到了一個擁抱，那個擁抱感覺如此真實又充滿了愛，因此當你醒過來時，你的眼眶含著淚水。要有信心，相信那將你緊緊擁入懷中傳達愛意的擁抱，「真的」是他們前來造訪的痕跡。

當然，並不是每個你見到親人的夢，都是一次死後溝通體驗。**有的夢境可能是你的心正在處理你所身陷的喪親之痛——尤其如果那個夢境令人感到不安，或是你的親人看起來令人難過或狀況不好的話**。你會知道哪些夢才是真正的死後溝通體驗，這些夢會給人一種明確的感覺，其中會包含更多細節、傳達出更多的愛、更令人愉快，以及最重要的——更顯得正面積極。

我的建議是，**在你的床邊放一本日誌，用來記錄你的夢境**，不論這些夢境是否為死後溝通體驗，都把它們記錄下來。這有助於你養成習慣注意自己的夢境並保留下其中的細節。**如果你想要透過做夢和親人進行死後溝通，那麼花點時間安靜地省思或冥想是開始的好方法。**將你的想法傳送給那個人。傾盡你心中所有的愛想著他們。請他們進入你的夢中，告訴他們你已經做好準備，很樂意收到他們的訊息。

請記得，雖然來找你的可能正好是那個人，但如果你得到的訊息是來自於你最不期盼的某人，也不必訝異！

其他常見的死後溝通信號

你可能在某個時刻自己就已經察覺到有靈魂造訪，儘管對這種情況你並不完全了解。舉例來說，你是否曾感覺過有親人就站在你的身邊，但是你將這種情況解釋成是自己一廂情願的想法或幻覺？你是否曾經從眼角看到某樣東西，但當你直接朝那個方向看，那樣東西就不見了？你是否曾聽見有人叫你的名字，四周卻沒有看到任何人？這些都是典型的例子，是你的親人試圖讓你知道他們存在的其中一些方法。

靈魂如果要傳送訊號給你，可以利用的方法極多，因此，我只會列出其中最普遍的一些方式：

- 感覺到有親人存在。
- 發現閃閃發亮的小額硬幣。
- 電器開啟和關閉。
- 電話響起，已往生那人的名字出現在來電顯示上。
- 自然現象，例如出現彩虹。
- 突然出現特定動物、鳥類和昆蟲——蝴蝶就是很明顯的信號。
- 持續看到同一組數字。
- 聞到香味，但實際來源不明。
- 有東西不見，接著又突然不知道從哪裡冒出來。
- 就在你想到某人時，收音機播放出他們最喜歡的歌。
- 共時性事件與其他奇怪的「巧合」。
- 看到遠處某人離開的身影與已過世的親人完全一樣。
- 就在你想起你的親人時，他們的名字就出現在眼前。

你的親人可能會透過許多不同的方式試著得到你的注意，這些只是其中的一些例子。相信我，他們會嘗試各種手段以便和你取得聯繫。**請勿要求要得到信號：在你最不抱期望的時候，反而更有可能收到它。**就像你在這個塵世有你的生活一樣，靈魂在彼岸也有他們的日子要過，因此他們並不一定會隨傳隨到。

不論你經歷的是哪種死後溝通體驗，都應該是充滿了愛、喜悅與正面的能量。一般而言，你會在正好需要的時候接收到這些信號。這些信號不該令人驚慌或害怕，或致使你更加悲傷。再次提醒，這是靈魂在說「我愛你，我永遠都在你身邊」的方式。

若你相信有死後溝通的存在，但自己尚未經歷過，請了解靈魂通常深受你的影響。如果他們知道你仍舊感情十分脆弱，而進行死後溝通可能使你心煩意亂或讓你更加難過，在你準備好可以直接接收信號前，他們可能會透過其他人傳遞訊息。

當你感覺自己已經「放開過去」，為「接收」信號做好了準備，請將你表達愛意的想法傳送給他們。讓他們給你一個訊號，一個你會知道是來自於他們的訊號。保持心靈開放，**不要心裡有一堆期望，預設自己「想要」收到什麼樣的信號。**你可能一再看到相同的記號，或你也可能每次都收到不同的訊息。相信我，他們知道你何時已經做好準備，以及如何得到你的注意。**對於收到這些信號要心懷感激，珍惜它們，重視它們，因為這些信號確實是來自天堂的問候。**

類似「我就在你身邊」：這樣自己進行聯繫的方法

如果靈魂可以聯繫上你，那麼可以說你也能夠採取主動和他們進行交流。最棒的是，你不需要通靈師來幫你做這件事，也不需要具備特殊能力才能自己進行這種表達愛的聯繫。想要聯絡上已經過逝的親人並且每天與他們保持聯繫有許多方法，但是你首先必須擁有堅定的心態以及相信「**那是可以做到**」的信念！

我要重申，**人在死後並不會變得無所不知**。他們可能會在他們有能力時溫柔地提供你指引和協助，但是他們無法介入在你的一生中註定要學習的因果教訓。我想起幾年前有名可愛的女性來找我，她很滿意感應的結果，因為她的母親傳來了十分清楚明白的訊息。然而，在她準備離開時，她說：「我有點失望，因為我的母親並未告訴我，我是否應該和我的丈夫離婚。」我告訴她，幫她做這類決定並不是她那已經到達彼岸的母親的責任。**我們在這個塵世必須經歷某些教訓，而我們無法仰仗靈界來幫我們定奪我們在此生中所尋找的所有決定與答案**。

以下這些技巧只是一些可行的方法，讓你得以「不具備通靈能力」便能聯繫上你的親人。如果你確實想要開發自己的精神與通靈能力，那麼這些技巧是達到這項目標很好的起點，本書的第三部分（第一六五頁）會進一步詳述如何開發通靈能力。注意，雖然有許多方法都可以與靈界建立聯繫，但這並不是那種每個方法所有人都適用的情況。對某人有效的技巧可能在你身上並不起作用，你應該嘗試不同技巧以找到適合你的方法。希望在以下技巧中，有一個能夠同時適用於你和你的親人，以完美搭建起那座橫跨陰陽兩界的愛的橋樑。

冥想：入定

在與彼岸進行聯繫時，一開始先**清理你的思緒、沉靜你的心靈是很重要的**。冥想有助於透過提升你的意識，構築起陰陽兩界之間的橋樑。你可以藉由冥想理出空間，讓靈人能夠將他們的想法銘印在你的心上。

冥想是一種存在狀態，在這種狀態中，你活躍的心靈會平緩下來；冥想也是一段安靜省思以澄清思緒的時間。隨著時間與練習，冥想能夠帶你進入一種狀態，讓你得以消除心靈上的雜念。如此一來，你就會變得愈來愈能**察覺在你體內不斷變化的細微能量**。這件事看似不可能達成，但是你其實可以訓練自己，觀察你的思緒如何進入你的心靈然後馬上又離去，那與海浪的潮起潮落非常相似。過沒多久，在你剛開始冥想時會侵蝕你心靈的那些思緒就會失去它們的力量，再也無法影響你的感知。

要進行冥想有許多方法，哪種做法對你來說最為有效是由你自己來決定的。在我之前出的書《心靈領航員》中，就有提供一些有用的冥想技巧。

一開始先試著進行十到十五分鐘的冥想。隨著你變得更加熟練，逐步延伸時長到你覺得必要或舒適的長度。**花時間冥想是很重要的，就好像你在和自己約會一般**。我的建議是，試著在每天的同一時間進行冥想，如果可能的話，地點最好也相同。如此一來，你就能累積起在那個空間的能量；不只是你將能感覺到在這個地方的沉靜能量，在你冥想時，你通往彼岸的橋樑也會因此變得愈來愈穩固。如果有人表示當他們踏進你的冥想區，會有種安寧平靜的感覺，你不用感到訝異，這一切都是因為能量所致。

對他們發出邀請

你的親人知道你想要與他們聯繫，所以你可以透過以下這些簡單的步驟，邀請他們參加你自己的私人聚會：

- 找到一個舒適的地方，比方說你的冥想區。接著，在注意安全的情況下點燃一根祈願小蠟燭，再放到桌上。現在，在你的正前方放一張你親人的相片，請設法找出你手邊他們**看起來最快樂的相片**，因為實際上那就是他們現在的模樣！接著，請看著他們在相片裡的眼睛幾分鐘，你會看到他們身上散發出光芒，請把那美麗影像記在你的心裡。
- 現在，**確定意願**，亦即你願意接收來自於你所選擇親人的訊息或信號。藉由確定意願，你敞開了自己的心靈對他們發出愛的邀請。因為在與你親人的聯繫中你是主動的一方，因此你很安全，主控權一直在你手中。如果你感覺需要某種保護，觀想用白光包圍自己，然後要求只接收對你最有幫助的訊息。
- 閉上你的眼睛冥想，去除心中的雜念以騰出給親人的空間。將你的親人在相片裡的影像**留在你的心眼裡**。
- 送出表達愛的想法，邀請他們過來你的身邊。讓他們知道現在可以來找你了。要記得在建立聯繫的過程中，他們其實深受你的影響，他們只會在知道**不會造成你心煩**時才與你聯絡。
- **在心裡提出一個問題，然後「耐心」等候，試著不要有任何預期。**耐心在這個過程中是關鍵，以確保你接收到的訊息並非來自你自己的想像。你可能感覺到你的親人逐漸向你靠近；你也可能感覺到一陣和風、一個輕吻或一個溫柔的擁抱；可能你會聽見單一個字或一個句子；也或許你會看見某個影像或記號；你可能甚至會注意到某種香水或花香般的香味（若你覺得自己沒有馬上收到訊息或信號，請別擔心，你可能會在最不抱期望的時候獲得回應）。

- **最重要的是，要相信你所得到的信息，不要試圖加以竄改，或依照你想要或需要聽見什麼，讓信息符合某些預設的想法。**如同我先前曾說過的，你的親人不再擁有肉體，因此他們也正在學習，也需要建立這種新的溝通形式。如果這是你們初次進行溝通，那麼這對你們雙方來說都會是一次學習的經驗。既然你們兩邊都在學習如何與彼此進行交流，剛開始只是聊聊完全沒有任何問題，無須期盼能得到更多或你的問題會得到答案。每次你在心裡和他們對話，你們之間的聯繫就會變得更強。你做這件事的次數愈多，對於搭建起通往你親人的橋樑，你就會變得更為熟練。
- 在最後永遠要記得感謝你的親人來訪。要說「再會」而非「拜拜」，因為你很清楚，不論何時，只要你願意，你都可以和他們進行聯絡。

建立通靈資料庫

神靈會透過文字、影像、感覺與記號來與我對話。我記得我在研究通靈時曾學到一句簡單卻含義深遠的諺語：**神靈從不會浪費心思。**

當靈魂傳送某個信號給我，一切都取決於關聯。例如當我在訊息中收到一片楓葉，通常表示與加拿大有關。神靈知道對我來說，楓葉會代表那個國家而非「楓樹」一詞，因此在我接收到這個記號時，便不會偏離原本的思路。瀑布通常代表美國紐約上州，彩虹在我眼中是藝術家的意思。如果出現在我面前的是生日蛋糕，這代表了現在正是某個人的生日。假如靈魂銘印在我心上的是數字一的影像，這表示我正在幫忙進行感應的那個人是他們唯一的孩子或第一個孩子，或在他們離開人世以前，他是幫忙照顧他們的人。剪刀永遠意謂著在現場或在彼岸的某個人是髮型設計師。這些只是我經常接收到的影像的其中一些例子。

在我最初開始與神靈聯絡時，我會在我的日記裡寫下我接收到的所有記號與影像。我會問自己：「這個記號對我來說有什麼含義？」或「對於我正在聯繫的那名已經往生的母親、父親、孩子等等來說，這代表了什麼意思？」你提出這類問題的次數愈多，你就愈會注意到你所接收到的相同記號代表的是類似的情況。

在過去的日子裡，上述行為幫助我建立起了一個「通靈資料庫」[P297]（我喜歡這樣稱呼這些資料），其中滿滿收藏著這一切回憶、影像、標誌與訊號。然而，需要指明的是，這些是「我的」記號——某個信號或影像對我來說具有強烈的意義，但相同的影像對其他人而言卻可能涵義完全不同。因此，**當你接收到來自於神靈的訊息，開始建立「自己的」記號資料庫是很重要的**。在你的日誌中，詳細記下你在試著與你的親人建立聯繫時所收到信號的分析與解讀，創造出獨屬於你個人的語言，靈人很快就會開始盡他們一切所能，利用在你的資料庫裡的記號，將他們的訊息給傳送過來。這真的是一種終極的夥伴關係！

具私密性的私人物品

每樣事物都包含著能量，並且以自身獨特的頻率在振動；其中包括物體與私人物品。

我有個朋友想跟她在一年前過世的丈夫說話，期間她玩起了他的婚戒，她用一條鍊子把戒指串了起來，戴在自己的脖子上，這就像是她在以她獨特的方式呼喚他一樣。當我的一位客戶蘿絲想要聯繫她的祖母時，她會抬起手觸摸她的祖母給她的骨董胸針。有名男性告訴我，每次他想要感覺更靠近他的父親時，他就會伸手碰觸他父親的運動衫。

我們之中的大多數人，都擁有原屬於其他人或某個特別的人所贈送或傳承給我們的私人物品；我們都很珍惜這些原屬於親友的物品。在嘗試與靈界建立聯繫時，握住你的特殊物品，將表達愛的想法傳送給他們。這項行為其實是在**發出邀請**，讓他們知道你**正在想念**他們。如果你發現自己突然拿起、玩起或觸碰你的特殊物品，可能是因為就在那時他們正在想你——這是他們與你進行溝通的方式。

祈禱即是終極的溝通

我知道正在看這本書的人中有許多人已經察覺到，**我們是某樣遠大於我們自己的事物的一部分**。有些人稱之為神、神靈或造物主，這些稱呼只是其中的一些例子。大多數宗教都認同有一個真正的存在「根源」P297，不論我們是誰或我們個人的情況為何，這個根源都會關注我們。無怪乎我們自然會渴望與這個神聖之源有所聯繫！這個根源想要回應我們和我們的需求，但是祂也想要我們有所回應。祂想要幫助我們，但溝通必須是雙向的。

禱告（不論是否付諸言語）是我們與神、更高的力量、宇宙，或我所謂的神聖之源之間終極的溝通方式。簡單地說，**在你祈禱時，聯繫隨之建立**。這是我們人類與根源建立關係的一種方法，這種聯繫在極多層面上都有利於我們的生活。我們可以對著或為我們的親人祈禱，而他們也可以為我們禱告——祈禱具有雙向的作用；我也發現「對著」某些親人祈禱其實相當有用。我認為**祈禱事實上是充滿了愛的想法**。

即使你並未徹底相信至高神或具有某種信仰，也不論你是否完全意識到自己正在感謝誰，有時你也可能發現自己會心懷感激地小小禱告一下，祈禱讓你能夠與可能無法看見、但卻真實存在的某件事物或某個人建立關聯。陸可鐸（Max Lucado）牧師曾對禱告的力量有過非常美麗的描述：「我們的祈禱可能笨拙。我們的意圖可能軟弱。但既然禱告的力量是掌握在聆聽者而非傾訴的人手裡，我們的祈禱確實可能產生某種影響。」

鏡占：顯靈體驗

我們是否真能看到我們離開人世的親人出現在我們面前？根據雷蒙・穆迪博士所言，可以透過**鏡占**（又稱為「**顯像占卜**」）來達成這項目的。他利用他的「降靈室」開發出了自己的鏡占技巧，兩千五百年前使用於希臘艾菲拉城冥神殿的古代技術是他的靈感來源。過去數年，我曾聽他提過許多次有人在他的降靈室對著鏡子凝視，結果這些人親身和已經過世的親人建立了聯繫。

你不用有自己的降靈室；簡單一面鏡子就能提供必要的途徑，你只須遵循以下步驟：

- 找一面清晰的鏡子，讓自己舒服地坐下來，然後凝視鏡子深處。我的建議是，你可以找一面很高的鏡子立在你面前，或是放面鏡子在桌上，**讓自己能夠輕易地看進鏡子裡**。

- 在你後方視線範圍以外的地方**點燃一根蠟燭**。讓柔和的燭光微微照亮房間，蠟燭只需帶來足夠的光亮以便讓你可以看見自己在鏡中的影像。我發現**房間裡的光線愈暗效果就愈好**。
- **深深放鬆你的身體，直到身體感覺到沉重為止**。在你做好準備，開始注視鏡子時，試著不要真的去看任何東西，眼睛也不要用力。放鬆你的眼睛，只要溫和地往前看。有些人曾說他們注意到鏡子變得模糊不清或出現細微的灰霧，如果你遇到這些情況，其實相當正常，並不是你的眼睛在捉弄你。就放任這些情況發生吧，因為它們通常代表了即將有影像顯現。
- 在你開始看到影像時，**請不要試圖控制這些影像**。你應該保持放鬆的狀態，讓影像自然顯現。你可能會看見某位親人、寵物，或甚至一段來自你過往的特殊回憶；曾有人描述出現的影像呈現３Ｄ效果，因此他們所見到的事物並未局限在鏡子的框架裡。影像可能持續幾秒甚或幾分鐘的時間；你進行鏡占的次數愈多，你就會變得愈熟練，而影像的持續時間也會隨之增長。然而，如果你一開始沒看到任何東西，也不用訝異或擔心；你可能是感覺到而不是看到你的親人就在你的身邊。
- **將你的體驗記錄下來，盡可能愈詳細愈好**。可能有時你會需要針對某個曾出現在你眼前的影像進行省思，或你也可能有時需要某些愛的鼓勵，讓自己能夠振作起來。

超自然電子異象

根據許多人的推測，愛迪生在死前不久正在研究某種機器，這種稱為「靈魂電話」的機器能讓人們與死者對話。如果世上有任何人能發明像這樣精巧的設備，那就一定是愛迪生了。但當然，從來沒有人找到過這種設備，但是可能有另一種方法，可以透過電子手段和在彼岸的人們對話！

在超心理學領域，有人正在針對這項主題進行大規模的研究。超自然電子異象P298即以電子手段記錄到聲音，但這些聲音人類的耳朵卻聽不見。在一九七〇年代，超心理學家康士坦丁・羅迪夫（Konstantins Raudive）使得這項構想開始普及。根據他的描述，超自然電子異象一般都時間短暫，通常長度都只有一個詞或一個短句子。我曾經聽過這些超自然電子異象，雖然經常伴隨著靜電干擾，但是從這些異象中仍可以聽見清楚的聲音。

這項技術可能並不適用於每個人，但是有些人已利用這項技術，在與彼岸聯絡方面有了成績。如果你有興趣，想要深入研究超自然電子異象，那麼在此提醒大家，任何時候你只要接觸到在你自身理解範圍以外的東西，務必要腳踏實地，並且信任你的直覺。**如果感覺不對，那就不要繼續進行下去。**

在治療師的引導下進行溝通

我很喜歡神靈與共時性同時發揮作用，帶來或顯示出你正好需要的訊息！當時我正想再增加一個技巧，告訴大家可以如何自行與你的親人建立聯繫，而當然，「他們」並未讓我失望。在我為了撰寫這本書的這個特別的章節而進行研究的期間，有位好心的先生伸出了援手，提供給我關於他組織的資訊。他的名字是克雷格・霍根（R. Craig Hogan）博士，他是「死後世界研究暨教育學會」（Afterlife Research & Education Institute）的會長。我告訴他，此時他聯絡我聯絡得「正是時候」。

克雷格和一群創始人一直致力於教導眾人與死後世界溝通的不同方法，以使每個人都能跟自己已經往生的親人進行聯繫。他們專注於分享他們對於提升溝通技術相關研究與人類心靈狀態變化方面的了解，強調某些與死後世界溝通的最有效方法，這些方法直至今日才得以實行。他表示：「我們正在見證黎明的曙光升起，在不久的將來，與死後世界的溝通將成為一件司空見慣的事情。」

我發現，當我在撰寫關於人們如何無需藉助通靈師便能聯繫上他們已過世的親人這個章節時，他就在那時伸出了援手，顯現這個時候的共時性最為強烈。我極其享受我們之間的交談，因此，我便邀請他來上我每個禮拜的賀氏書屋廣播節目《與靈魂聯繫》（Spirit Connections）。在和他訪談期間，他告訴我有種很棒的新療法叫做「關係修補與重建的悲傷療法」，這種療法從曾參與研究、與經過訓練的有照治療師合作過的那些人身上，獲得了很好的回應。

進行這種療法的是持有國家證照的心理健康治療師、婚姻與家庭諮商師、社工、心理學家及心理諮商師。這種療法的作用是減少或幾乎消除一個人的深切悲傷。個人對於親人死亡的解讀，包括負面的看法、印象、罪疚與憤怒的感覺及創傷，都會重新得到引導，並且被安心、喜悅、愛與連結的全新感受，以及平靜所取代。因為死亡造成分離而產生的悲傷通常會有所減緩，因而當事人記憶悲傷的方式改變，悲傷最終得以消散。

人們並未遺忘他們的親人，但是在經過「關係修補與重建的悲傷療法」療程之後，他們會用較積極的角度看待親人，而且大多數時候都不會再陷入傷悲。

這個療法本身並不會產生與死後世界的聯繫。相反的，是當事人自己在擁有執照的心理治療師的「引導」下，與他們在死後世界的親人建立了聯繫。心理治療師並非靈媒，無力左右聯繫的性質或內容。在當事人與親人間，與死後世界的聯繫出現得十分自然且毫不費力，在當事人進入接收狀態時便會隨之發生，就像是身體放鬆沉入舒適的棉被後，自然就會進入睡眠狀態一樣。療程一般會持續四到五個小時，期間當事人通常會獲得死後溝通體驗。

現在，你可能會疑惑：**這是真實的聯繫還是只出現在當事人的心裡？這是否只是當事人一廂情願的想法或幻想？**無需多說，經歷過這種療法的人確實因此而受惠，而且他們的感覺都是與他們的親人間真實的體驗。

如同我先前所說，這種療法是一項新技術。隨著人們得到幫助，得以減緩他們的悲傷，並且持續與靈界有所接觸，我確信未來我們會聽到更多相關訊息。

如果你對這種療法有興趣，**找到接受過適當培訓的治療師非常重要**。以下是關於「死後世界研究暨教育學會」的資訊，可提供讀者參考：死後世界研究暨教育學會是一個非營利的服務性組織，為死後世界的研究人員、開拓者、教育人士及相關從業人員提供工作上的支援。網址為www.afterlifeinstitute.org。

想要探索死後世界這個主題是相當自然且正常的。人類從事這件事的研究已經有數千年的歷史。我希望這些簡短的概述能夠提供大家一些概念與技巧，有助於大家與各自的親人保持溝通聯繫。最重要的是要維持心靈的開放，嘗試不同技巧，直到你找到對你有效的方法為止。每次你與親人進行聯繫，就會搭建起那座橋樑，進而使得陰陽兩界之間的連結變得愈來愈牢固。

當然，當我們失去我們深愛的某個人，會有許多情緒浮現，因此務必要花時間承認並處理那些情緒。他們確實繼續活著，因為我們從未真正失去我們所關心的人。不論如何，我們仍舊與他們有所聯繫。不論是死亡還是時間，都絕對無法將這種聯繫從你身上奪去——因為愛永遠不會死去。

境界 二

「搭橋」的通靈師

第五章

通靈師與追尋者

不論你是對進一步探索有興趣，想讓自己更加了解通靈這項主題，還是因為你覺得自己已經準備好要與親人進行聯繫，因此正想找位通靈師，我都希望你能夠放慢腳步，先自己進行研究，以便找到適合你的通靈師！

現在已經是二十一世紀，有數百個電視頻道與節目可供選擇，我們這個社會已經變得更有意識也更為開放。經由電影、書籍和我們在社群媒體上的關係網，人們愈來愈了解通靈師及其工作；科技將通靈之類的小眾主題帶進各家各戶，如今每個人幾乎都可以在任何平台上接觸到通靈的相關知識。

具聲望的通靈師能被介紹給大眾認識，對此我十分感激，然而，社會對於通靈師的角色與通靈如何發揮作用仍擁有許多誤解。比方說，我剛開始以通靈師的身分執業時，是在家裡幫人進行私人感應。不只一次在我應門時，人們立刻會問：「你父親在家嗎？」

我會回問：「請問你找誰？」

他們會回答：「約翰・霍蘭德。」

我會微笑著說：「嗯，那就是我了！」

人們會道歉、大笑或僅是看起來十分尷尬，而我總覺得這種情況非常有趣，他們會承認說我並不是他們所預期的模樣。我確信他們期望見到的是一位年紀較長的男性，而非某個穿著牛仔褲與T恤的年輕人！有一次，在我進行某一場演示前，我記得我離開我的車子走向會場，碰巧無意間聽到兩名女性一邊看著我在小冊子上的相片一邊說話。我聽見其中一人說：「海倫，妳要知道，他看起來如此正常。」此時，我很想插嘴說：「兩位女士，很抱歉，我把我的斗篷和頭巾遺落在家裡了！」

影視作品描繪形象過於誇張

太多人相信他們在電視上或電影裡所看到的一切，其中太多以過於誇張的方式來描繪通靈師的形象。這類電影的其中一部，如一九九九年全球賣座的電影《靈異第六感》中，描述一名飽受困擾的男孩——柯爾・席爾，不斷受到作祟的靈魂所驚嚇。如果在彼岸的那些人是以在這部電影裡的樣貌出現在我眼前，相信我，我不會以通靈師當職業！

我確信大家必定曾見過以下的畫面：靈媒坐在一間陰暗的房間裡，以蠟燭的燭光作為房間的光源，景象令人毛骨悚然。隨著他們在自己的椅子上扭動，他們的眼睛往後翻，一邊說話還一邊處於某種恍惚的狀態。此外，還有詭異的背景音樂一直在持續播放！

我明白布置這一切都是為了戲劇效果，但是我想要讓大家知道，真的通靈師看起來就像大家一樣，他們的衣著很平凡，而來來去去的靈魂看起來更是一點也不恐怖。我努力澄清所有關於通靈的嚇人誤解。**為什麼要為死亡的整個過程增添一層不必要的恐懼與焦慮？**對許多人來說，在不增加戲劇性的情況下，對死亡的畏懼就已經足夠。

在我們探究通靈師的定義、他們如何進行通靈，以及你可以抱持什麼樣的期望以前，請容我先澄清許多人常有的一個重要且根本的誤解……

靈媒與通靈師之間的差異

靈媒並不等同於通靈師。以靈媒身分執業與作為通靈師之間有著很大的差別，如同有句妙語所言：「所有的通靈師都是靈媒，但並非所有靈媒都是通靈師。」在此讓我更徹底地說明這句話的涵義。

靈媒會感應你的氣場，進而看到你的過去、現在與可能的未來，而通靈師則是直接從在彼岸的那些人身上獲取資訊。就資訊而言，你可以說**靈媒是透過感知取得資訊，而通靈師則是透過接收**。

在協助人們處理日常問題、職業相關決定與提供指引上，訓練有素的靈媒表現十分出色，他們通常是針對參加通靈會的人，在直覺上所要表達的事情進行確認。在引導人們度過人生的某些困難與避開陷阱上，靈媒可以提供相當大的支援，他們的作用是經由心靈的建議來提供大眾指引。

請注意，一如往常地，大家都有自由意志。**靈媒提供的只是建議，並非命令，要運用**

自己的判斷才能知道這些建議對你來說感覺對不對。如果你對參加靈媒的通靈會有興趣，請拜訪有聲望或被認為有口碑的靈媒。**如果哪位靈媒提到詛咒或你需要多次付費才能夠擺脫厄運，請立即轉身離開！**

在發現自己擁有心靈感應的能力後，我很早就以從事心靈感應開始我的執業生涯。然後彼岸的人開始出現，我很快便明瞭有些人可以既是靈媒又是通靈師。現在我可以很確定地向來參加通靈會的人說明，我透過心靈感應所得到的資訊與從他們的親人那裡傳遞過來的訊息，兩者之間有何區別。要知道，**好的靈媒兼通靈師永遠都應該解釋清楚所得到的資訊在來源上有何差異。**

我可以體會有些人在來拜訪我時可能心懷憂懼，不論這是因為他們不了解整個流程，或是他們因為在娛樂產業曾看過的一切而早有成見。我可以向大家保證，**當靈人到來傳達他們的訊息時，不會有任何恐怖或戲劇性的情況發生。**他們畢竟仍舊是你的親友；過來的就是你在這個塵世所愛的同一個人，而且就像是你記憶中的模樣，不論他們是深情、幽默、精明、快樂或甚至脾氣暴躁，他們還是原來的那個人！在我說你可以確認他們的身分時，請相信我說的話。他們會盡全力證明自己是誰——利用只有他們知道的個人資訊，來協助確認自己的身分。

當某人在通靈會中與我坐在一起，就像在家庭聚會中與朋友坐在一起一樣。隨著親友們彼此重聚，經常會出現流淚的場面，但也會有許多的笑聲。**你的親人想要你過得快樂！**畢竟我們仍存在於這個塵世，需要支持才能繼續走下去。當感應順利進行，而能量的流動既強烈又穩定，使得靈魂的個性或真實本質得以展現，尤其如果他們擁有幽默感的話，我總會為此而感到激動。

我從不知道是誰比較享受通靈的過程……，是我、靈魂，還是來參加通靈會的人？

什麼是通靈師？

物質界與靈界儘管是各自獨立的兩個世界，卻不斷地互相影響，而且，這兩個世界可以藉由通靈有意識地與彼此進行聯繫。用最簡單的話來說，通靈師擔任的是「中間人」的角色，建立起橋樑將這個世界與下一個世界聯繫在一起。通靈師擁有較高的心靈感知能力，能運用自己的天眼通、天聽能力或超覺知力，透過精神方式接收來自於無形之人（靈人）的資訊，一旦關係得到確認，資訊就會被傳遞給來參加通靈會的人。

通靈師的工作就是轉達他們所接收到的訊息，並且不加以質疑或加上他們自以為是的言外之意。如果通靈師需要問問題，只應該是為了證實他們所接收到的資訊或證據。好的通靈師永遠不該提供模糊的一般性資訊，而應該提供對你、你的家人及已過世的那個人來說都十分明確的訊息。

身為一名通靈師兼精神導師，我感覺我的職責是教育來找我進行私人通靈的人及我的諸多觀眾，告訴他們通靈作用的過程，以及當我與靈界建立聯繫時他們可以期待些什麼。我會告訴我的觀眾，**我們這些通靈師並不會召喚死者——是他們召喚我們！**我認為通靈師並無法依照要求召喚靈魂，主要是靈人掌握著他們決定要溝通的時間、地點與方式。要記得，資訊並非「來自」通靈師，而是「透過」通靈師轉達。每次通靈的過程都牽涉到三方，或可以說是三方對話，因為所有人都參與其中：包括靈魂、通靈師與想收到訊息的人。

我們全都是由某種精神力量所構成，所以你或許可以了解我所說的話，那就是：**資訊是「來自」靈魂（你的親人），並「經由」靈魂（通靈師）再「轉達給」靈魂（參加通靈會的人），我們全都相互關聯**。每一方都必須同步，才能建立起強大的連結，並確保資訊持續清楚流通。這並非一直都很簡單！我是指：光是讓在一個房間裡的三個人針對晚餐要吃些什麼達成共識，就夠難了。所以，我強烈建議每個人在見通靈師時都要保持開放的心靈。

曾經有人詢問知名的蘇格蘭通靈師艾伯特・貝斯特（Albert Best）一個問題：通靈演示是否真的能說服觀眾？他的回答是：「我們無法說服任何人相信任何事情，我們只能播下種子。我們最多能做到的就是促使人們親自去進行更深入的了解。我們無法帶走失去的痛苦，但是，如果我們能夠帶走對於死亡的恐懼，如果我們能夠為原本毫無希望的地方帶來希望，那麼我們所做的事情就是值得的。」我認為這段話可說說明了一切。

訊息傳遞的方式

與不再擁有肉體的某人進行溝通，並不是件容易的工作，尤其在溝通方式不再是說話時，情況會變得更加困難。影像、聲音與記號會在心靈當中顯現，而身為通靈師，我們必須盡我們所能地利用所接收到的資訊來詮釋這些訊息。

舉例來說，在某次於某家當地書店所舉辦的公開演示活動中，我在我的心靈中感覺到某位年輕人的到來。他所傳送給我的，除了關於「棒球」的深刻感受，還包括了他心愛的球棒在內的許多影像，儘管這些影像對我來說沒有很大的意義。我們之間的連結極其強烈，感覺就像是有個隱形的導演在對我進行指導一樣。

我轉身面向書店的某個區域，接著說道：「在這個區域的觀眾，有誰認識一名突然往生的年輕人，他的陪葬品中可能有一根棒球球棒？」

我注意到有位女性的表情很複雜。幾秒鐘後，她大聲說：「一定要是棒球球棒嗎？」

我回答說：「我知道的只是他的埋葬方式明確與棒球有關而已。」

嗯，接下來她所說的話令在場觀眾和我自己都感到十分訝異。她說她朋友的兒子在還很年輕時就離開了人世，她很喜歡也很疼愛這名年輕人。他生前極其喜愛棒球，因此他的父親特別打造了一個棒球形狀的骨灰罈來承裝他的骨灰。在她講述這個故事時，我聽見整個書店的人都倒抽了一口氣。這正證明了當靈魂想要傳達訊息，他們會盡他們一切所能來達到這個目的！

在第四章中，我曾寫到應該建立一個通靈資料庫，靈魂會透過這個資料庫，利用通靈師在自己的人生中曾學習或經歷過的一切作為參考資料。我先前提過的艾伯特・貝斯特有許多年都是以郵差為職業，在他成為通靈師後，他經常會從彼岸接收到姓名與地址等資訊。美國電視名人兼通靈師約翰・愛德華（John Edward）在進行通靈演示時，時常接收到可用於確認靈魂往生方式的詳細病況，有時也會收到確切涉及電影的訊息——因此，發現他年輕時期曾任職抽血人員或曾在錄影帶店工作過的經歷，也就不令人意外了。

我有一半的義大利血統，因此我很擅長理解涉及義大利的訊息；我也很喜歡藝術，常去上繪畫與藝術相關課程，所以經常接收到記號與圖像之類的訊息是很合理的事……，這一切讓我能夠快速地解讀訊息，理解其中的意義。對我來說，一個單一的影像就能夠傳達一個完整的故事。

因為我的家族好幾代以來都一直為了酗酒問題而苦惱，因此，在所接收的訊息關係到酒時，我就有足夠的參照資料來協助自己確認：那是靈魂的最終死因，抑或那是在他們的一生中不斷出現的問題？我的哥哥是一名護理師，曾經在好幾家醫院工作過，所以我也能和醫療相關職業建立連結。如果我對管線系統瞭若指掌，我確定靈界在傳送訊息時必定會找到方法利用銅管、水龍頭等之類的影像來作為提示。

我鼓勵大家**去學習任何感覺能夠吸引你的事物**：閱讀繪本、學習人類解剖學，盡一切努力以創建一個靈界可以從中取用資料的通靈資料庫。**你具備的知識愈多，靈界就有愈多的資料可以利用，進而將他們的訊息傳達出去。**

通靈與唯靈論

自文明初始以來，人類從未停止過與靈界進行聯繫及祭拜祖先的行為。世界各地的許多文化都擁有自己的獨特儀式，對於所謂的通靈師也都有著自己的定義，包括美國原住民文化中的巫醫、古埃及的大祭司，以及希臘德爾菲的女祭司等。到了十九世紀，唯靈論讓通靈得到了全世界的注意。

許多年前，在我開始研究通靈時，就在他人的引導下接觸到唯靈論的相關學說，這些學說與我自身的思維和抱負產生了徹底的共鳴。這套信仰體系的根基，以生命的永續以及透過通靈師的精神能力與靈界進行溝通為活動重心。對許多人來說，唯靈論也是一派宗教、一套哲學系統，甚至是一種生活方式。唯靈論的信念有非常能讓人平靜且具療癒作用的效果；信奉唯靈論的人相信（當然我也是如此），我們並不會死亡，而我們已經過世的親人仍舊在靈界活得好好的。遺憾的是，再一次地有太多的好萊塢電影從有些荒誕的角度來描寫這套信念，使人對於唯靈論的真正內涵產生錯誤的印象。

大多數宗教對於死後世界都抱持著某種觀點。雖然我注重的是唯靈論的見解，但是我**並未試圖改變任何人的信仰**。我嘗試包容也尊重許多宗教的主張，例如天主教、佛教、猶太神祕哲學卡巴拉派等等。我感覺每一種宗教之所以為我們個人的心靈旅程提供相關的工具與指導，都是為了滿足各自獨特的需求。我喜歡使用輪子這個比喻，每根輪輻都代表了一個不同的宗教或信仰。雖然每根輪輻都彼此獨立，但整個輪子卻是朝著相同的目的地前進。

所有人類都生來便擁有來自於神靈的火花（我們的靈魂），當我們的靈魂終於要前往下一界，那朵火花會離開包裹著它的容器（我們的軀體），回歸我們的發源地——靈界。不論我們選擇相信哪個宗教（如果有的話），我們都會在死亡之後繼續活著。

唯靈論致力於透過哲學體系與實際演示來提供證據，以證明**每個人都會有一部分（即靈魂）在死亡以後持續存在，而且是永遠存在**。唯靈論並未用某種教義或信條束縛住信奉唯靈論的人，不過它的哲學體系卻是根基於在十九世紀所形成的七項準則，當時英國現代唯靈論運動的早期倡導者艾瑪・哈汀吉・布里頓（Emma Hardinge Britten）在通靈後寫下了這些準則。它們廣泛受到世界各地信奉唯靈論的人士與唯靈論組織所認同。

我以前曾在其他著作中提過唯靈論及我自身在唯靈論教堂的經歷，但是我想要再次將這項主題納入本書之中，原因在於我覺得：若各位讀者對通靈或明瞭靈魂如何繼續存在及靈界有興趣，再次加以說明便是值得的，如此大家就能自己對這方面有更深入的了解。

唯靈論為我提供了早期作為初入行的通靈師所需要的嚴格訓練與道德標準，我有幸得以耗費超過兩年的時間在英國進行研習，我很感謝那些信仰唯靈論的人，在他們的引導與形塑之下，我才成為了今日我這樣的一名通靈師。

唯靈論的出現

唯靈論起源於一八四八年的美洲。剛開始，是福克斯（Fox）姊妹——亦即瑪格瑞塔（Margeretta）與凱特（Kate）這兩名青少年——在她們美國紐約州海茲維爾（Hydesville）的家中小屋裡經歷了奇怪的事件。惱人的聲響、物體移動及其他超自然現象日復一日出現；從牆壁會傳來很大的撞擊與敲打聲，但是這些聲音似乎並非源自於任何特定的位置。

兩名女孩於是決定自己找出溝通的方法，看看這些聲音是否會回應她們。姊妹倆開始拍手，她們拍幾下，敲擊聲就跟著響幾下。她們極為困惑，納悶這些聲音與敲擊是否具有某種智慧。在某個時刻，兩姊妹大喊：「答案是『是』就敲兩下，『不是』就敲一下！」然後，她們發現敲擊聲在回應她們，這使得她們大為驚奇！

她們認真決定要設計出另一套規則，以便她們可以與之進行進一步的溝通。她們想出的主意是，利用敲擊聲拼出英文字母表中的字母：敲一下代表A，敲兩下代表B，敲三下代表C，以此類推。福克斯姊妹非常興奮，不論在牆壁上敲擊的是什麼東西或是什麼人，她們都找到了能夠與其對話的方法。

藉由這套新語言，她們發現製造出那些聲響的是查爾斯・羅斯納（Charles B. Rosna）的靈魂。他說他是一名行商，數年前居住在她們的屋子裡，與他同住的是姓貝爾（Bell）的一家人。經由一連串敲擊聲，查爾斯敘述自己是如何遭到謀殺，而後被埋屍於地下室，他所有的貴重物品也都被偷走了。此外，他還告訴這兩姊妹，跟他埋在一起的還有一個錫盒。

最後，兩姊妹的母親察覺到她們在做的事情。她想知道這個靈魂是否只能夠「聽見」她家人的聲音，抑或他也可以「看見」他們。因此，福克斯太太嘗試做了個小實驗。她輕輕拍手，但沒有發出任何聲音，接著要求那個靈魂敲出她拍了多少次手。令他們驚訝的是，靈魂回覆的敲擊次數完全相符。

這兩姊妹的消息如野火一般的傳開，人們從各地趕來，紛紛想親身體驗這些現象。大家都為了某件事情而大感驚奇，那就是——福克斯姊妹看起來是多麼的「正常」！她們只是很樸實的一般民眾，受過基本教育，並沒有特別篤信宗教。從每個人都能看到與體驗到的一切來判斷，這兩名女孩的確是在與某個男人的靈魂對話，而且這個男人就悲慘地死在那間屋子裡。

當然，故事並沒有就在這裡結束。地下室的地面最終遭到挖掘；不怎麼令人意外地，從中找到了那位行商查爾斯・羅斯納先生的遺骸。此外，也正如他對兩姊妹所說，有個錫盒就躺在他的身旁。然而，至今仍沒有人知道在那個盒子裡面有什麼東西！

發生在福克斯家的超自然事件促使其他人開始嘗試自己與靈界進行溝通。在美國各地有許多家庭組成了一個個的團體，試著與已經過世的親人建立聯繫。很快大家便發現到，有些人能夠以遠比其他人更容易的方式與靈魂溝通交流，過沒多久，通靈活動便因此而蓬勃發展，唯靈論也隨之誕生。在信奉唯靈論的人中有許多是女性；唯靈論是女性可以發聲、她們說話可以被聽見的唯一一個宗教。

接下來許多年當中，福克斯姊妹繼續展示她們的通靈能力、談論她們的經歷，同時鼓勵其他人們相信。她們利用自己獨特的通靈方式來幫助他人，試圖進一步與其他靈魂也建立聯繫。

唯靈論雖然是根源於美洲，但真正興盛起來卻是在英國。現在在美國仍然有唯靈論教堂，但數量上遠不及所謂「大西洋彼岸」的情況。通靈吸引了英國人的注意，包括皇室成員與甚至睿智的學者和作家，例如偵探小說家亞瑟・柯南・道爾（Arthur Conan Doyle）。

至今仍有許多人繼續著他們的追尋，極力探究這項具強烈吸引力的主題。唯靈論教導我們**在萬事萬物當中都能夠找到神**，還有**我們全都彼此相互關聯**，我覺得這些觀點令人感到十分安慰。既然事實上在所有事物當中都可以發現精神力量，那麼就絕對不可能有任何歧視存在。神靈在對待所有人方面都是採取欣然接受的態度。

如果我們全都能夠在生活中秉持著這種看法，所有人都會因此而**成為更好的人**。

通靈的不同面向

在這個世界上，我們每個人都是生來便擁有各自獨特的天賦與能力，而我們也都希望能夠在一生當中運用這些天賦與能力來影響和幫助其他人。不論我們具有什麼樣的才能——藝術、音樂、組織能力、公開演說能力、寫作能力等等——人人全都有某件事情是我們最擅長的，而也都以獨一無二的方式與眾不同。就如同每種職業都可能有不同的專業領域一樣，擁有特殊天賦的人在通靈方面也是如此；我們全都在我們的能力、風格與技巧上有所差異，對某個人可能起共鳴的事物，對另一個人來說可能並不起作用。

不論你是才剛開始開發自身的精神能力，還是你是對去找通靈師有興趣，我都想讓大家明瞭通靈的不同面向。如果在以下幾種通靈方式中，你感覺其中有一種對你具吸引力，我**建議你要自己進行研究。打聽個人的口碑**以為參考，或是試著**去見公開座談會中對這些通靈方式的其中一種有所專精的通靈師**。不論你在尋求的是什麼，靈界都知道如何以各種不同的方式來與你建立聯繫。

精神感應通靈

精神感應通靈就是我進行通靈的方式。這或許是最普遍的一種通靈方式，也是大家在進行一對一感應時最可能體驗到，或是在台上或電視上最可能看到的方式。這是一種心靈對心靈的溝通模式[P295]，又稱為「心電感應」[P296]。換句話說，就是靈魂與通靈師之間以心靈對心靈的方式進行精神感應。精神感應通靈是透過通靈師的意識進行，無須運用到任何肉體感官；靈魂與通靈師兩方以相同的頻率讓他們的能量彼此交融。聯繫一旦建立，通靈師便會用言辭表達或轉達他們經由精神感知所接收到的資訊。以這種方式進行通靈的通靈師通常會接收到與過世的人有關的事實方面的資訊，例如姓名、日期、其往生方式、他們居住的地方等等，並且是在先前沒有任何了解的情況下提供這一切訊息。

多年來我發現一件事，就是如果我相信神靈，並「確切地」將我所接收到的資訊表達出來，我所提供的訊息才最能發揮作用。我已經學到**不要過度分析和檢查資訊或加上自己的詮釋**。我不能讓加入我的想法的訊息「聽起來」沒問題；我**只要傳達訊息就好**，否則我有可能會誤解靈魂努力想表達的意思。過去我在他人的教導下明白了一些基本原則，如今我也試著將這些原則傳授給我的學生。

我在受訓期間學到了應該遵循的智慧守則，亦即：「少一點自我——多一點神靈。」通靈師能夠接收到什麼訊息並沒有任何限制，但一切仍取決於通靈師的品質與感知能力，當然也取決於傳送資訊的靈人。

靈感通靈

如果你的一天就這樣過去了，期間沒有某種隨機產生的想法、念頭、見解或甚至是預感突然出現在腦海——這種情況其實十分罕見。就是這樣毫無道理可言，你可能就坐在某間咖啡廳或髮廊裡，或只是在泡個澡，不論你人在哪裡或正在做些什麼，這些念頭總在你沒有特別想些什麼或專注於任何事情的時候到來。

有些人認為，這些在靈機一動下所產生的想法和點子，其實來自於宇宙、神靈、指導靈，或只是源自於你自身的靈魂；此外，「直覺比較強」同樣能用來解釋這種情況發生的原因。對那些想要提出反對意見者來說，也可以說這些想法只是你自己的腦袋或想像力的產物。有些人耗費一生時間研究心靈所造成的異象與奇蹟，他們問自己：「這一切源自何方？」我則認為，**經常帶給我們啟發的就是我們的靈魂幫助者**。

我是在英國進行研習期間體驗到這種通靈方式。當時，我是某個靈感開發團體的一分子，我們這群人會坐著安靜進行冥想，讓靈魂得以靠近，與我們自身的心靈交融，進而為我們帶來啟發性的言語。

帶領這個靈感開發團體的領導人認為，儘管從你在彼岸的親人那裡得到會帶來希望的明確消息，既能夠提供幫助同時具有癒療作用，但是傾聽你的指導靈能夠啟迪人心的智慧之語，鑒於他們比我們聰明也有經驗得多，同樣可以使人受益。根據她表示，通常從這些智慧之語當中我們才能獲得真正的啟發。

靈感通靈又稱為「啟發式說話」。我在英國的亞瑟・芬德利神祕學院（Arthur Findlay College）學習期間，曾經參加過某個啟發靈感的實習課程，老師要我們所有人將手伸進某個箱子裡隨意拿出一張卡片。每張卡片都不一樣，上面只寫了單一一個字。在我們每個人都輪流抽卡片時，我們已經處於冥想狀態。老師要求我們一看到卡片上的字，就必須立刻開始說話，讓自己接受那個字的啟發。

在輪到我時，那些話語就從我的口中流淌而出，令我大為驚奇。我知道那些話語並非出自於我，但是它們有如是「透過」我而流傳出去。我是怎麼知道的？因為我所使用的那些如詩般的言辭與文法，並非我平常的說話方式，我也沒有受過那種學院或是大學的培訓，讓我能夠在說話時擁有這麼好的口才。那是一次很棒的練習，讓我學會放開並相信神靈。

在你聽靈感通靈師或進行啟發式說話的發言者說話時，幾乎就像是通靈師或發言者正在直接與你對話，就好像他們知道你有什麼需要及你的心裡在想些什麼一樣。

療癒通靈

療癒是最高級的一種通靈形式。作為一名通靈師，我曾有幸目睹在肉體與精神兩個層次上都得到療癒的情況。在我接受密集訓練的那幾年期間，我研究過各種療癒的形式，其中一種就是精神療癒。在英國的許多唯靈論教堂裡都有受到認可的治療師，他們會在教堂禮拜期間貢獻自己的時間為人們提供幫助。我注意到每位治療師都具有一些共同的特點，例如慷慨、有同情心，以及最重要的——他們的心中有愛。

愛是療癒力量最重要的要素之一。事實上，**愛是我們的生命中最具影響力也最強大的力量，不論所愛的人是自己抑或他人都是如此。愛源自於我們的最深處，是我們真實本質的一部分。**

在那些我有幸旁觀的療癒聚會中，人們會將他們的椅子排成一個整齊的圓圈，而治療師通常會安靜地站在他們後方。現場氣氛十分地寧靜和安詳；你可以感覺到愛的能量在整幢建築物裡流轉。我安靜地坐著觀察，儘管有許多次我都必須摀住自己倒抽的一兩口氣。我看到在治療師的身邊似乎出現了影像與光芒，而整個過程中，我則是整顆心都滿滿的——光是在現場看著他們，就獲得了指引與教導，對此我真的充滿了感激。

治療師問道：「我是否可以把我的手放到你的肩膀上，將療癒的力量傳給你？」你可以看到他詢問的那名男性滿臉蝕刻著劇烈的痛苦。在兩個人都閉上眼睛時，我坐在那裡看得入迷。那副景象令人極為驚奇，我覺得用這麼簡單的語句來描繪那副景象真的是太過輕描淡寫。那名男性的臉孔放鬆了下來，就好似折磨他的背痛正逐漸離開他的身體。雖然那光景只持續了幾分鐘，但我幾乎能看到神靈的療癒力量透過通靈師流進那名男性的體內，隨著那名男性的痛苦緩和，淚水從他的臉上流下來，而他在離開禮拜時很明顯地走得更加筆直。

有些通靈師進行的是另一種形式的療癒，稱為「隔空療癒」P298。可以將來自治療師的精神能量加上療癒的想法，傳送給人在許多公里以外的病患。在傳送具療癒作用的愛與憐憫的能量時，沒有任何的界限存在。

我曾見過許多治療師進行不同形式的精神治療，包括靈氣治療、般尼克療法（pranic healing）、按手療法、氣功、治療性觸摸，以及甚至是太極。在這裡有一件事絕對必須說明清楚：**能量並非來自於治療師，而是「透過」他們而傳送出去**；治療師的角色是幫助病患調整自己，進而使得他們「自己天生的療癒能力」發揮作用——如同美國知名預言家艾德格・凱西（Edgar Cayce）所說：「在眾人眼中，靈魂是神的力量在人體內充分展現的結果」，還有「唯有在承認人類的精神本質為神靈所授之後，才能達到真正的療癒」。

所有治療師都不應該保證會治癒。如果你碰到有人這麼宣稱，那麼我強烈建議你要有所警惕。治療要成功有一連串的條件，任何有聲望的治療師都能滿足這些條件——例如**他們自己必須不論在身體或心靈上都健康狀況良好**。此外，可能還會有「業因」牽涉其中，這或許會影響到接受治療病患的療癒結果。治療不一定會產生立即的影響，通常隨著時間才會體會到全部的好處。要記得：**我們是強大的存在，具有創造奇蹟的能力**。

通靈藝術

想像你去找通靈師，他們一邊作畫一邊和你說話，還提供了你母親現身的證據。接著，當通靈會結束，通靈師將他們的畫本遞給你，而在上面有著你母親的逼真畫像！你不僅是帶著證據離開，還擁有一幅特別的畫像——正好進一步證實你的母親仍舊活在靈界，過得既快樂又健康。

通靈藝術家是我最喜歡的一種通靈形式！神靈要透過那些擁有這項能力的人進行工作，有許多不同的進展方式。有些通靈藝術家在作畫時會讓神靈控制他們的手，有些則是會進入深度恍惚狀態，由神靈接管一切，他們的眼睛通常完全緊閉著！有些人是用他們心靈的眼睛來看影像，他們只是畫下他們所見到的一切，沒有讓他們的意識試圖影響或去解釋他們認為自己應該畫些什麼。

多年來，我發現許多通靈藝術家幾乎或完全沒有受過正式的培訓；某些人的情況甚至是他們完全不具備實際的藝術才能。然而，聯繫一旦建立，他們的藝術指導靈便會介入，協助他們進行他們絕對無法獨自完成的作畫工作。

已故的珂蘿・波爾曲（Coral Polge）是世上最知名的通靈藝術家之一，也是《活著的影像》一書的作者，我很榮幸參加過一場她的通靈會。她在通靈會最後遞給我的那些令人驚嘆的藝術作品，至今我仍舊十分珍惜。在她一生中，必定完成了成千上萬幅畫作，她以豐富的色彩描繪我的西藏指導靈和家庭成員的美麗畫像，每一幅都可說無與倫比。它們如今就裝飾在我私人書房的某面牆上。

我有幸認識的另一位通靈藝術家，也是我的朋友與同行，那就是莉塔・伯科威茨（Rita Berkowitz），我很喜歡觀賞她的藝術魔法在帆布上化為生動畫像的過程。她不僅是一位傑出的通靈師，也是位專業的藝術家，以美國新英格蘭為她的據點。看著她作畫，以及當她把畫交出去，人們臉上的表情如何隨之開朗起來，真的是幅值得目睹的美麗景象。這種工作對我來說極具吸引力，因為我從童年時期很早就展現出相當好的藝術天賦。雖然我在閒暇時偶爾會去上繪畫課，但是我從未實際試圖將我的藝術才能與作為通靈師的身分加以結合。

恍惚通靈

恍惚通靈，是通靈師能夠進入某種改變意識的狀態，讓靈魂溝通者得以使用他們的身體——幾乎就像是通靈師自身的靈魂往後退，讓其他靈魂能夠站出來壓制、影響與控制通靈師。由於靈魂是直接透過通靈師說話，而非由通靈師轉達傳送給他們的資訊，因此通靈師的聲音與動作會相當不符合他們自己的個性與性格。

進入深度恍惚狀態的通靈師，大多不會記得在通靈會中發生了什麼事，通常必須由其他人在他們脫離恍惚狀態後告訴他們，那就像是他們方才毫無知覺的狀態下所留存的記憶。恍惚狀態的控制分為許多種程度，從輕度到重度都有。

進行精神通靈的通靈師（就像我自己），儘管他們的靈魂還在，也記得所有事情，他們仍然可以進入輕度恍惚狀態，只是與靈魂的交融可能在程度與強度上都有所不同。不過，我認為有一點需要強調出來：**真正的恍惚通靈師必定曾經長期研究並開發恍惚通靈技術**。他們和他們的指導靈之間也會有非常密切的合作關係。會容忍指導靈掌控身體，在他們之間必定是有全然的信任存在才對。通靈師必須先對靈界及他們的指導靈表示許可，靈魂才能夠以這種方式使用通靈師的身體。

我在開發我自己的通靈能力時，研究過過去以進行恍惚通靈而聞名之通靈師的工作情況，例如艾瑪・哈汀吉・布里頓、莫里斯・巴本奈爾（Maurice Barbanell）、葛瑞絲・庫克（Grace Cook）、艾德格・凱西、艾琳・嘉瑞特（Eileen Garrett）、格拉迪絲・奧斯伯恩・雷納德（Gladys Osborne Leonard）、萊斯利・弗林特（Leslie Flint）、艾薇・諾爾西區（Ivy Northage）及其他許多人。在這些獨一無二又特殊有才的通靈師中，有許多人投身於高強度的生理與心理實驗，期望實驗結果能讓人更加了解通靈的過程，為通靈研究帶來些許曙光。

我認為恍惚通靈正在再次興起，我曾經目睹一些出色的通靈師進入恍惚狀態，在這種狀態中，他們的聲音、習慣和言語都呈現出靈魂所具有的特色。最近我旁觀某位通靈師進行恍惚通靈，這次通靈的效果好到你可以確實感覺到房間裡能量變動的情況！當那位通靈師在恍惚中站起來，我可以發誓他就在我們眼前長高了好幾公分！

我們所看到的一切很難找到解釋，但是請相信我，我並不是一個會發表瘋狂聲明或輕易做出結論的人。當我旁觀通靈師以任何形式進行通靈，我抱持著既非常支持但也同樣謹慎的態度。指導靈與那位通靈師的身體完全融合，以至於我相信我們所目睹的是他的指導靈的身影正在逐漸顯現在我們之前。

我希望你能夠自己去觀摩一場真正的恍惚通靈。在你這麼做以後，你的靈魂會有所感覺。這次體驗會產生極大的作用，會為你自己的靈魂與心靈帶來觸動。一如以往，**請相信你的直覺，由你自己權衡，同時也要保持住你的客觀與敏銳。**

物理現象通靈

與物理現象通靈有關的現象包括形貌改變、直接出現聲音、飄浮、隔空取物P298、靈光、敲打與叩擊聲，以及顯形與形體消失。然而，這項靈能力在現今十分罕見。這種獨特的通靈形式在十九世紀初期相當興盛，但因為無賴與騙子會在降靈室陰暗光線的掩蓋下偽造靈異現象，太多人因此而吃了虧。如果你有機會觀看「真正的」物理現象通靈，一定會令你難以忘懷！

我很高興聽到我的母校，亦即亞瑟・芬德利通靈與心靈科學學院最近在推行一項規定：如果有任何恍惚通靈師要在學院裡進行演示，通靈師必須容許在同一個房間裡可以使用夜視鏡與紅外線照相機，以便揭露任何詐術並確保通靈的誠信度，陰暗的降靈室更不再受到允許。

過去許多有聲望的知名通靈師都會讓自己接受科學界的檢驗，例如萊斯利・弗林特、丹尼爾・鄧格拉斯・霍姆（Daniel Dunglas Home）、凱蒂・金恩（Katie King）、米娜・「瑪哲麗」・克蘭登（Mina "Margery" Crandon）、傑克・韋伯（Jack Webber），以及戈登・希金森（Gordon Higginson）。

不同於可進行開發與訓練的精神通靈能力，要進行物理現象通靈，通靈師在他們的身體或容器內必須天生就具備某些要素。這些特別的要素之一就是所謂的「靈外質」P299。這個詞的英文ectoplasm來自於希臘文ektos與plasma，意思是「外現的物質」。大家對於靈外質的描述一直是「原生質」的精神版本，而原生質即是身體細胞內的物質。某些通靈師在進行通靈期間身體似乎會淌出靈外質這種白色物質，靈外質可能從任何孔竅冒出來，例如耳朵、鼻子、眼睛、嘴巴，或甚至是肚臍。在進行顯形通靈時，靈外質可能會形成一個有形體的靈魂或是靈魂的一部分，例如一隻手臂、一隻手或者臉部。靈外質也可能從通靈師的身體內噴湧而出，向外延伸托起一個喇叭或是一張懸空的桌子。此外，靈外質的出現還經常會伴隨著淡淡的臭氧味。

在現在，接受並且相信我們確實會在死後繼續存活，比過去的任何時刻都更加重要。

然而，如同所有新事物一樣，在問世時都必定會隨之產生許多疑問：

・我為什麼會在這裡？
・我是否有某種目標？
・我親人的靈魂是否能夠提供我幫助？

當你透過冥想與靈界建立聯繫，你可以自己找到其中某些問題的答案。受過適當訓練且經驗豐富的通靈師可以接收到答案，主要是因為他們能夠輕易地聯繫上靈界。

我希望大家會覺得這個章節相當有意思，能夠提供大家一些與通靈的不同面向有關的基礎與初步知識。你也可以從其他地方獲得許多協助，而誰知道呢——或許你對通靈師的能力有特殊興趣，是因為你也有著相同的意向，儘管你現在還沒有察覺到這點。

不論你是對進一步探索有興趣，想讓自己更加了解通靈這項主題，還是因為你覺得自己已經準備好要與親人進行聯繫，因此正想找位通靈師，我都希望你能夠放慢腳步，先自己進行研究，以便找到適合你的通靈師！

第六章

諮詢通靈師

大多數優秀的通靈師都擁有穩固的聲譽，其基礎建立在他們所提供證據的強度、他們的準確度，以及當然還有他們的憐憫心上。不建議在沒有人推薦的情況下，直接去找你從未聽過的某個人進行通靈——在找人以前務必至少要有機會先親自見過他們。

你是否已經做好去找或去諮詢通靈師的準備？或許你有些緊張，還不確定怎樣做才是找到並諮詢通靈師的正確做法。本章從提供協助的角度出發，**為那些可能是第一次考慮去找通靈師的人提供資訊。**

人們尋求通靈師的幫助有許多原因，這些原因就和人們自身一樣，可以說各式各樣不盡相同。

或許你感覺在靈界的那些人正試圖與你建立聯繫，也或者你可能早已接到過某些死後溝通的信號，或是早已是「電話簽帳卡」（我喜歡這麼稱呼「死後溝通」這種聯繫方式）的撥號對象。許多人找通靈師是想透過這種方法來克服他們因為失去所愛之人所承受的痛苦；

有些人的目的是想要解決未完成的事情，例如想要原諒已經過世的某人或是從他們那裡獲得原諒；也有些人拜訪通靈師則只是純粹出於好奇！

不過，大家都有一項共同點：**我們都在為某件特別私人的事情找尋答案**。親友或寵物往生是一個人在這一生中可能經歷的最痛苦也最令人感傷的體驗之一，而我們之中有許多人早已面臨過這一切。不論你去找通靈師的原因為何，**每次通靈都應該是一場具有療癒作用的體驗，也永遠都應該以這種態度來面對**。

你什麼時候應該去諮詢通靈師？

你應該決定的第一件事情是：**你是否需要靈媒或通靈師的幫助**。許多人將這兩者給搞混了，他們會拜訪通靈師，卻希望他們親人的靈魂能夠幫忙他們處理世俗的問題——與他們的職業、感情或甚至財務有關的問題，但這是受過訓練的真正靈媒在協助你處理的事情。另一方面，通靈師的作用是作為這一界與下一界之間的橋樑（雖然我已經寫過通靈師與靈媒之間的差異，但我在本章會再次說明，因為你可能會先閱讀本章後才去讀整本書）。

我經常強調，**你應該只有在進行過一段時間的哀悼之後才去諮詢通靈師**。我個人的建議是**從那個人往生後最少要等三個月**，我認為進行這段時間的等候十分合情合理，但對某些人來說，可能會需要較長一點的時間。太多人想要在失去某人的當下就跑去找通靈師，而事實上那時他們仍舊處於震驚狀態，心中同時充滿著難以抗拒的悲傷，這會使得他們很難完全理解、領會或甚至明瞭與靈魂之間的聯繫情況。

這讓我想起幾年前我進行的一次通靈，當時有兩名兄弟帶著他們的母親前來找我。他們兩人想要聯繫他們突然離開人世的弟弟（也是那名女性的兒子）。隨著我坐下開始進行通靈，我可以感覺到他們要找的那個人逐漸靠近。然而，當我抬起頭時，我可以看到那名母親極度心煩意亂。從她的眼神我就可以看得出來，她正在接受藥物的治療。我知道不論我說些什麼，不論她在彼岸的兒子開始傳送過來的是什麼訊息，在當時都無法緩解她的痛苦。

那名女性突然控制不住地開始慟哭，我因此必須結束那次通靈。繼續下去將無法達到任何目的，反而會為所有人都帶來相當大的痛苦——不論是對當前的這個家庭或對她兒子的靈魂來說，都是如此。我並不想對那名母親的歇斯底里或抑鬱情緒火上加油，她顯然並未能接受她兒子的死訊。在他們離開時，我將其中一名男性拉到一旁，詢問他他們是何時失去了他們的弟弟。他告訴我時間只過了三個禮拜而已！如果我早知道這點，我絕對不會同意和他們見面。對他們而言，通靈顯然距離親人逝去的時間還太近。

從那時起，我了解到以下這兩件事情有多麼重要：**先詢問我的私人客戶他們是否是想要聯繫上「最近」才往生的某人，以及建議他們在去找通靈師以前應該先等待多久才算合適**（在進行上述那場特殊的通靈時，我的新助理才剛開始熟悉他的工作）。這段等待的時間不僅是對參加通靈會的人有益，對已經過世的那個人同樣有幫助——他們需要一些時間讓自己重新熟悉在靈界的生活。

有些人覺得，如果他們不再悲傷，等於是以某種方式放手讓他們所愛的人離開。然而情況並非如此；等待及面對你的傷痛並不表示你不在乎，或是你正逐漸放手讓你所愛的人離去，反而只會為整個通靈的過程帶來複雜的影響，通靈師與你的親人需要你試著堅強起來一同參與其中，而非仍舊陷在那種充滿了震驚與迷惑的陰鬱狀態中。重要的是，不要讓悲傷的壓力將你擊倒，因為你扮演著關鍵的角色，需要由你來確認你在彼岸的親友正傳送給你的資訊是否正確。

請記住，**通靈是一種三方聯繫的溝通方式——包括通靈師、靈魂與訊息的收件者三方**。當三方都同步協調好，就能夠體驗到療癒的神奇與純粹的愛所帶給人的不可思議感受，而參與其中的每個人也都可能因此而有所改變！

尋找通靈師

如今在市面上有那麼多的通靈師，大量的選擇可能令人相當困擾。一如以往，我堅決主張應該**透過口碑與個人推薦，去找受過訓練且經驗豐富的通靈師**。大多數優秀的通靈師都擁有穩固的聲譽，其基礎建立在他們所提供證據的強度、他們的準確度，以及當然還有他們的憐憫心上。**我並不支持在沒有人推薦的情況下，直接去找你從未聽過的某個人進行通靈，尤其應該在找人以前至少要有機會先親自見過他們**。

每位通靈師在工作時都有自己的獨特作風。如果你有機會與你所選擇的通靈師直接見面，或看到他出現在台上，或是在教堂裡見到他，那麼我強烈建議你把握住這個機會。你將得以看到他們是如何與神靈建立聯繫、他們接收到的資訊的清楚與準確程度，以及他們從神靈那裡得到了什麼訊息。不過最重要的是，你能夠觀察到療癒進行的過程。透過觀看通靈師在公共場合進行通靈，你將有機會確定自己是否與他們有所共鳴，尤其如果你正在考慮私下約他們見面的話。

如果你無法在你所住的區域找到通靈師，許多通靈師都有透過電話或者Skype提供私人服務，你可以從中選擇——這就是現代科技的重大好處之一！在哪裡進行感應並不重要，因為一切歸根究底，都只是能量而已。感應是心靈對心靈的精神聯繫，我不需要有人出現在我面前，**有時當我看不到人反而是有益的**。原因是這樣，這麼一來，我就可以避免有人對我可能說到的任何事情有所反應，以致他們的肢體語言或表情對我產生影響。我只要專注於我從神靈那裡接收到的訊息，以及在電話另一端的聲音與我所產生的共鳴。

每次我進行通靈演示，不論是在台上，在規模較小的畫廊活動中，或是在幫人進行一對一感應，每一次的經驗對我來說總是既獨特又別致。對於透過通靈師從他們的親人那裡得到暖心訊息的人而言，這種體驗經常可能產生改變人生的效果。看到某位母親自失去她的孩子幾個月以來第一次微笑或甚至大笑，或看到某個丈夫在知道他已逝的妻子想要他過得快樂之後流下眼淚……，我非常喜歡看到這些景象，對我來說，這就是通靈真正的作用。

還有另一個方法也可以找到通靈師，那就是**如果在你的社區有唯靈論教堂的話，你可以去教堂試試**。你無須緊張，也不用擔心你一走進去，就會有人試圖改變你的信仰。唯靈論教堂裡之所以有通靈演示，是為了**證實生命會持續存在**。你可以在這裡享受禮拜、演講、通靈演示，還有在禮拜之後可能會有的療癒環節。

唯靈論教堂常有每月一次的「通靈師日」，在這天新手通靈師和準通靈師會一對一地與你坐在一起。這個活動提供了通靈師亟需的練習機會，讓他們能夠幫個人進行感應，而這也是你慢慢觀察他們怎麼進行通靈的好機會。這些教堂經常從美國及世界各地邀請專業通靈師來進行通靈演示與教學。以下的全美唯靈論教堂協會（National Spiritualist Association of Churches）網站列出了許多美國與其他國家的唯靈論教堂可供大家參考：www.nsac.org。

給追尋者的建議

曾經，我兩種角色都擔任過——既是通靈師，也曾參加過通靈會嘗試與親人聯繫。我已經明白人們在拜訪通靈師時會抱有許多不同的期望，其中有些想法會令我十分訝異，有些則觸動了我的靈魂。我很榮幸主持過成千上萬次的私人通靈會，因此我想要分享一些實際的建議，以便在大家決定去找通靈師諮詢時，能夠對大家有所幫助。我在本書所提供的資訊，與我對所有來找我進行通靈的人所提供的建議，兩者間並無差別。

不論你是請通靈師進行一對一的通靈、是參加團體通靈活動，或是與其他許多人一同在場觀看在台上的某個人進行通靈演示，你很快便會了解每位通靈師都是不同的，他們在與神靈的聯繫上都擁有各自的風格。你對通靈師、靈界和你自己之間的微妙關係了解愈深，就愈能體會到當三方同步時靈界所能帶給你的愛與其他的一切。

在彼岸的那些人想要你活得快樂！他們想要你能成功並繼續活下去，而他們會盡己所能地向你證明，這一生在現在有多麼重要。**你怎麼利用自己還在這個塵世的時間可以說非常珍貴**，我希望以下資訊有助於你與通靈師，當然還有你的親人，獲得很棒的通靈體驗。

事前研究

針對你已經過世的親友做些研究，這麼一來你和通靈師會更容易了解誰有可能到來，以便你可以確認相關證據。將姓名、日期、地理位置、死亡情況等等資訊整理成一份清單。你無須調查全部的家人與家族成員，但是與你人生關係最緊密的那些人會是很好的起點。

許多人期望通靈師聯絡上的就是他們想要找的人，但是事實上，**任何人都可能出現，甚至可能是你並不認識的人出現！**例如，來找你的可能是在你出生前就已經離開人世的祖父母。只因你不認識他們，並不代表他們不認識你。我們所知道的親友，還有所不知道的一些人，都仍然是我們的親友，與我們有所連結。你希望會出現的那個人通常的確會現身，或讓人注意到他們的存在（至少在我進行通靈時是如此），是愛這座橋樑讓你的親人得以靠近。

事先了解通靈師進行通靈的方式

假使這是你第一次考慮去拜訪通靈師，明智的做法會是先做些研究，這樣你在參加通靈會時就能夠相當清楚可能會出現什麼情況及恰當的回應方式。舉例來說，如果你拜訪的那個人曾經寫過書，在你第一次參加通靈會前先讀過那本書永遠是值得的，如此便能深入了解他們的工作及他們的通靈師生活。

如果你已經讀過本書在此之前的全部內容，那麼你就會知道每位通靈師都擁有自己的特殊能力，他們會運用自己的能力來進行通靈。這項差異可能會影響訊息的接收與理解方式，有時更因此帶來很有趣的結果！

我記得有次我幫某位女性進行通靈，到來的是她的叔叔。他一直只對我顯示小孩玩的橡膠鴨子玩偶的影像。情況真的很奇怪，但我不是個遇到第一個困難就放棄的人。我於是問她：「你的叔叔為什麼給我看橡膠鴨子的影像？」

那位女性咯咯笑了起來，她說：「我叔叔的名字是道格（Doug）。在我還很小的時候，我一直無法叫出他的全名『道格拉斯』（Douglas），所以我會叫他『鴨鴨』（Ducky）。在我接下來的生命裡，他一直被叫做『鴨叔叔』！」

我回她以微笑，接著讓鴨叔叔繼續傳送他美麗的訊息。無疑的，靈界確實知道如何清楚說明他們的證據。

人們經常會帶其他人一同來參與他們的通靈會，比如最好的朋友、某個親戚或甚至同事。不過大家不知道的是，**當你另外帶某個人來參加你的通靈會，你等於提供了機會，讓那個人的朋友或親人也能夠到來**。事實上，當時在場的任何人都可能得到來自親友的訊息。我碰過多次來參加通靈會者不只一人的情況，結果朋友的親人反而成了整場通靈會的主角。

在通靈會中還可能出現另一種情形，那就是你成為了另外某個人的通靈師。我的意思是，你最好朋友的母親可能會出現，想要傳遞訊息給她的女兒，即使你可能並不認識那位母親。就這樣，最後你成了那則訊息得以傳遞的管道。為什麼會發生這種情況？其中的原因是，那位母親知道你和她的女兒關係親密，因此，她會採取她所能用的任何辦法將她的訊息給傳遞出去！

沒有通靈師能夠保證自己可以和某個人建立聯繫。如同我所說，我們並無法用電話直接撥號到彼岸。如果有任何通靈師表示他們能夠做到這點，那麼我強烈建議你直接轉身離開。**我們通靈師唯一能做的就是盡我們所能——然後將其餘一切交給靈界。**

抱持開放的心靈

帶著健康的態度與開放的心靈參加通靈會，永遠有助於通靈師確保通靈的順利進行。一切真的都取決於能量。你必須記得通靈師在精神上是很敏感的；參加通靈會的人的氣場與想法可能會對通靈師造成影響。有時人們來找我是抱著一種「請證明給我看」的態度，這可能會在過程中築起一道牆，而通靈師甚至必須先突破這道牆，之後才能開始進行感應。

我曾碰過來參加通靈會的人覺得他們需要考驗一下通靈師。他們會先想出或問出特定的問題，例如：「我的母親叫什麼名字？」「我帶了哪件屬於他們的東西，那件東西是不是就放在我的口袋裡？」或是「在我的親人往生以前，他們和我約定的密碼是什麼？這些密碼是用來證明他們已經成功地到達彼岸。」

我總是對來找我通靈的人說，如果你有特定問題或想要你的親人證明自己的身分，那麼請在來參加通靈會以前就先在你的心靈中對你的親人提出要求。當人們大聲問我問題，這可能造成聯繫中斷，讓我回復到神志清醒的狀態。當然，**我並不是說你在通靈進行期間不能夠問問題，但是對我來說，這種行為可能會打斷能量的流動。**如果你不了解部分資訊，其中涵義很可能在稍後才會揭露或是被記起來。

我接到過數百封人們寄來的信件和電子郵件，告訴我他們終於明白他們所得到的證據是正確的，只是在進行通靈的當下他們沒有記起來。在某些罕見的情況中，通靈師可能提到某些資訊並未直接吻合或是你不知道的答案。唯有你回去之後在進行確認的過程中檢查資訊時，才會發現那些資訊是正確的。

我很喜歡看到這種情況發生，原因是——**有些效果最好的通靈證據根本是連你自己都不知道的事情**。這正可以用來反駁任何沒有事實根據的如下說法，亦即通靈只是讀心術或透過心電感應從你的身上獲取資訊。我想問，我們怎麼可能從你的腦海裡得到甚至都不在其中的資訊？這些神奇之處證明了靈界可以多麼強大！

通靈並非是一門明確的科學，原因是我們試著聯繫並與之交融的靈魂不再擁有喉頭這種肉體的器官來為自己發聲。他們是透過精神感應來傳達他們的想法，再由我們來詮釋與破解他們嘗試表達的訊息中所隱含的意義。

在我進行感應時，很罕見地確實也會發生沒有任何靈魂出現的情況，請理解這並不表示某人不愛你或彼岸沒有任何人存在。

出現這種情況可能有許多原因，不論是通靈師那天很不順、來參加通靈會的人可能並未準備好，或甚至是靈魂可能尚未為到來做好準備都有。

請別把它放在心上，只要知道事情在該發生的時候就會發生。如果在開始十到二十分鐘以後我發現自己並未聯繫上任何人，我就會結束那次通靈而且不收費，然後詢問他們是否願意幾個月後和我再試一次。通常當他們再次來訪，聯繫便得以建立，而他們也會有一次很成功的感應體驗。

不要依賴通靈師

當人們與某位通靈師有過一次很棒的通靈體驗後，接著，他們可能會感覺有必要去找其他的通靈師，一個找過一個。

我必須說，就許多方面來說這真的不是個好主意。但願在得到感應的結果後，你已經聽到需要聽的話，並感覺到一定程度的釋懷。接下來，重要的是要**理解你的親人現在已經有了自己的生活**。當然，在你需要他們時，他們會繼續陪伴在你身旁，在有必要時也會讓你注意到他們的存在。

如果你堅持要拜訪一個又一個通靈師，你的親人很可能會在出現的時候不斷帶來相同的訊息。

為什麼呢？因為就像請求某個親戚跟你描述他們經歷過的某趟旅程一樣，他們能用多少種不同方式來講述那段故事？如果有人來找我進行私人通靈，我會見他們一次，如果有必要的話或許兩次。畢竟，在靈魂持續不斷傳遞的諸多訊息中，有一則即是他們想要你繼續過自己的生活，直到你再次與他們相會為止。

除此之外，你的親人其實也在嘗試自己傳送信號給你，只不過這些都是非常隱約的信號。因此，如果你仍舊感覺自己過於情感脆弱，或是還深陷於喪親之痛當中，你可以想念他們；但若你有著極深的失落感又極其思念他們，那麼，你可能很容易就會錯過「他們就存在於四周」的那種感覺。此刻，就是通靈師可以為被遺留下來的人提供極大幫助並且展現極大價值的時候了。

通靈師的責任

我認為：作為通靈師，我們的責任是擔任靈界與生者之間的橋樑或管道。**讓你感覺自在是我們應該做的，尤其這是你第一次進行通靈的話**。我們的職責也包括說明我們的工作方式，以及最重要的——告訴來參加通靈會的人他們可以有什麼樣的期待。我盡可能提供我所接收到的最清楚明證，設法傳遞給你相關訊息，讓你能立即辨識出我聯繫上的人是誰。

如同我先前所說，**通靈師不該要求你提供大量資訊**。要確認或反駁證據，通常只需要簡單的「是」或「不是」或「我不確定」。此外，請不要提供資料給通靈師！有些來參加通靈會的人極其興奮，以至於他們講話講個不停，甚至洩漏了許多關於已經往生的那個人的資訊。請記住，那是「我們的」工作——不是你的。

通靈師應該要能夠提供清楚的證據以證實靈魂的存在。奠定真實性的基石包括：男性或女性、他們過世時的大概年紀、是什麼情況致使他們前往靈界、他們與你有何關聯或關係等等。一旦確認靈魂的身分，解讀訊息應該可以得到更多的細節，通靈師因而可能描述到某些回憶、你們曾經一起造訪的地方、生日等等。通靈師可能解讀出哪種資訊，並不受任何限制。可能是感人的美好回憶或甚至是令人尷尬的時刻，讓你同時又哭又笑！畢竟，就是因為那些特別的事情，才使得他們過去是那樣的人——而現在他們也仍舊是原本的模樣。

對於遭受喪親之痛正在尋找答案的人，有許多受過訓練的合格通靈師都可以提供服務。在尋找通靈師時不要著急，總而言之：要開放心胸，試著了解通靈的作用機制，並且認知到你的親人從未真的離開你。他們會盡力和你接觸以向你證明愛還在繼續，他們可能會透過信號與記號或經由通靈師來直接聯繫你。

隨著時間流逝，你會經由自己內心的認知而了解到，靈界是真實的，生命會繼續，而且事實上的確有死後世界的存在。在知道其實並沒有死亡這件事以後，你的悲傷和痛苦便能夠隨之緩減。

境界 三

運用你的心靈能力

第七章

開啟你的靈覺

「心靈能力與單純的直覺兩者間有什麼差別？」心靈與直覺這兩個詞之間只有細微的差距，因此兩者間經常交替使用。實際上，心靈能力只是我們直覺的自然延伸。

在現今社會，大多數人類已經忘記我們這種生物有多麼驚人，更具有多強大的直覺與感知力，我們之中的許多人已經迷失得太遠，進入了分析性思考的領域。

人主要生存在物質界，以致我們太專注於自身以外的所有事情。我認為重要的是，**我們需要偶爾記起：自己體內有個觸手可及的「內心世界」正等待著我們，任何時候只要我們想要就可以自行進入。**

本書的整個第三部分，都是以想要了解並開發自身精神與通靈能力的人為寫作對象。不論你只是好奇於要成為通靈師需要達到哪些條件，或是你渴望成為一名通靈師，我都希望這些章節能夠提供你些一直在尋求的指引。同樣地，如果你想要了解如何運用自身的心靈能力，那麼本書的這個部分也將對你有很大的益處。

開發自我的直覺能力

我們都擁有精神能力，能夠更有意識地察覺到我們靈魂的內在運作方式，連同靈魂的所有能力與天生的敏感度。

換句話說，**我們與生俱來就能夠將我們的直覺性精神能力運用於生活中的幾乎所有方面**。在演示的時候，我最喜歡說的其中一段話就是：「我們都源自於神，而我不認為擁有智慧的神會不提供任何一點幫助就讓我們來到這個塵世。直覺這項天賦將我們與神聯繫在一起。」

雖然直覺是每個靈魂都有的天賦，但重要的是要記得：**開發直覺是我們自己的責任**。當我的學生開始探究自己的精神潛能，他們時常問我：「心靈能力與單純的直覺兩者間有什麼差別？」「心靈」與「直覺」這兩個詞之間只有細微的差距，因此兩者間經常交替使用。使用其中一個詞經常可能隨之用到另一個詞，而且是自然而然如此。**心靈能力只是我們直覺的自然延伸**。

在我們之中大多數人都知道直覺是什麼意思。有多少次，你聽到某人說：「我有預感……」「我的直覺告訴我……」「我有某種強烈的直覺……」這些都是直覺表現的形式，那份直覺或那輕輕一推，極常出乎意料地就來到我們身邊。

如果我們學會如何「辨認」與「注意」這些感覺並且根據它們來「採取行動」，我們可以為開發自己的心靈能力奠定非常堅固的基礎。**心靈能力能夠控制你的直覺，讓這些特殊的感覺為你服務**。事實上，心靈一詞的英文psychic，源自於希臘文psychikos，意思是「屬於靈魂的」。這表示作為靈性的存在，超越我們能夠取得、接收與傳送資訊的範圍，更遠遠超出我們的肉體與天生五感所能及。

能夠察覺自身的心靈能力，不僅有助於你成為一名通靈師或與你的親人建立聯繫，也能在你的個人生活、職業生涯及你與親友、同事的關係方面提供很大的幫助。打開通往你天生心靈能力的那扇門，是令人興奮、具啟發作用又足以改變人生的一種體驗。我曾經收到過成千上萬封過去的學生寄來的信件與電子郵件，告訴我自從他們開始開發他們之前過度陷入休眠狀態的能力，便感覺到不論是自己的靈魂或心靈，在意識上都顯得更加「活躍」與「清醒」——**他們說他們不再如同夢遊一般地度過人生**。

在指導我的心靈開發課程（我舉辦的特色工作坊之一）時，我總是十分享受。來參加的許多人，在抵達時都感覺就像他們幾乎或完全不具有心靈能力一樣，不過，一旦他們完成培訓，開始透過自己的精神感知接收資訊，轉變就會非常明顯。他們就像是發現了某件全新事物一樣（你可以看到他們整張臉上都寫滿了這點），儘管這項能力一直都在那裡，等待著他們去利用。**運用你的心靈精神能力是一件相當自然的事！**你可以一步步學習如何辨識、實踐與相信那些直覺般的輕推，如此一來，它們便能成為很棒的資源，在你往後的人生裡，提供你可以利用的指引及改變、培養自我能力的機會。

為了使生活中有直覺或心靈能力可以依憑，你必須先「相信」並「了解」自己已經具備你所需要的所有工具。**作為某種精神的存在，你擁有無限的能力**，因此明智的做法是承認自己有等待被喚醒的能力存在——所以我才使用「休眠的能力」一詞。你的精神感知就是能夠幫忙引導你找到自己內心指引的工具——或我也將精神感知稱作你的「心靈力量」。總而言之，**我說的就是你內心的感受：內心所知（超覺知力）、內心所見（天眼通能力），以及最後的內心所聽聞的一切（天聽能力）**。

隨著你強化並磨練這些感知，你會學會如何利用難以捉摸的能量場（氣場，第二百一十八頁），所有事物與所有人的周遭都有能量場環繞。當你的察覺能力得到提升，就會知道如何運用身體的能量中心——即脈輪，第十章（第二百三十七頁）會詳談。這一切，都是開發通靈能力所必需之基礎的一部分，原因是：必須透過精神感知，你才能接收到靈界所發送或傳送出來的訊息。

生而知之

在我們的生命中，我們可能都曾經有過心靈方面的體驗。請記得**我們全都天生具有心靈能力**，那是你和其他任何人都同樣享有的與生俱來的能力。

我相信在孩童時期，我們都擁有天生的直覺。

你是否觀察過年紀小的孩子玩耍、畫圖或跳舞的模樣？那看起來就像他們正一隻腳踩在這個世界上，而另一腳則跨入了下一個世界一樣。他們所講述的事情，身為成人的我們無法立即理解；他們所畫的人像具有濃淡不同的鮮明顏色，我認為他們是在不知情的情況下描繪出人們的氣場。此外，經常有人談論所謂幻想中的朋友，而許多母親更提到過必須為他們孩子的特殊隱形朋友在餐桌上多設一個座位。

孩子們經常說到天使，以及他們如何在他們的夢中看到和體驗到自己在飛。有些孩子甚至擁有自己的內心世界，這個世界對他們來說感覺相當真實且生氣蓬勃。他們也可能會毫無緣由地告訴父母，他們是否喜歡剛見到的某個人，或他們對那些人是否有不好的感覺。

對他們來說，有這麼清楚的感覺是一件很自然的事，因為在這麼幼小的年紀裡，他們沒有受到任何事物的蒙蔽、影響或形塑。**孩子們眼中看到的是真實的世界，他們擁有強大的心靈力量，因為沒人有機會告訴他們相反的狀況。**

不過，隨著小孩入學進入低年級，他們的左腦在他們開始接受教育後被喚醒。隨著他們開始使用善於分析的左腦來學習，自然而然便遠離了他們擁有創意與直覺的右腦。這一切都是他們年輕生命中教育階段的一部分，在這段期間，他們會學習拼字並了解數學、歷史與其他許多知識。結果就是，我們愈來愈少將注意力放在能夠幫忙引導我們的直覺上，隨著我們學會做出合理解釋與運用邏輯，我們愈來愈仰賴身體感知來做決定。

在西藏佛教傳統中教養長大的孩子，從他們很小時，所接受的就是與人體的精神能量系統與脈輪中心有關的教育，我覺得這是種非常好的教育理念。如果我們能夠對在西方的孩子做同樣的事，那會是多麼棒的一件事！

如此一來，這個世界可能會變得非常不一樣，會成為具有共同價值觀、充滿了容忍、耐心、諒解等特質的一個地方。或許到最後，不論是孩子或成人，都能夠自然地運用他們觸手可及的這些絕佳資源——這一切將有助於他們在人生的道路上找到方向，也永遠會持續伴隨著他們經歷靈魂所在的所有旅程。

認識你的心靈能力

直覺或心靈能力並不只是我們所擁有的特質——更是我們存在的方式。這種靈魂與生俱來的能力，並非僅限於已獲得超脫的大師或將一生奉獻給研究與進行冥想的人才能擁有，也並非與算命、水晶球或預測未來有關。我們大多數時候都在使用這些特殊能力，儘管我們之中許多人都並不了解這些能力。現在，放下這本書幾分鐘然後問自己：

- 你是否曾經才想到某個人，接著當天稍晚就碰到他們？
- 你是否能夠在遇到某人之前，就能感覺到他們的心情？
- 你是否曾經有某種預感但是你並未照做，後來卻因為你的預感正確而後悔莫及？
- 你是否曾有某次在跟某人講電話時，即使他們聽起來沒事，但是你就是知道事情有點不對勁？
- 你是否曾經在某個情況或某件事的結果揭曉前就已經心知肚明？
- 你是否能夠走進某個房間後立即便能辨識出現場的氣氛？
- 在你的生活中是否不斷有所謂的巧合與共時性事件發生？

以上有多少問題你給予的是肯定的回答？這些只是擁有直覺或心靈能力會是什麼情況的一些例子。那是一種內在意識的感覺，可能會相當難以捉摸（再次提醒，那種感覺不會像你在電影中所看到的那樣戲劇性）。

我記得去年夏天，有次我的直覺強烈提醒我不能疏忽對待我的狗柯達。牠可能有牙齒方面的問題，所以我很勤奮地照顧牠的口腔衛生。在某次例行檢查時，獸醫看了看牠的牙齒，告訴我們可以等到秋天再清洗牠的牙齒。然而，在那次看過獸醫後沒過多久，某天傍晚，柯達正趴在沙發上牠最喜歡的位子上，我聽見內心有不知從何而來的聲音說：「牠有顆壞掉的牙齒。」因此，我決定盡快帶柯達回去獸醫那洗牙，而非等到秋天再去。

在去過獸醫那以後，有天獸醫打電話告訴我們，X光顯示柯達有顆後牙有膿腫。那顆牙齒已經遭到感染，需要立刻拔掉！然而，只是目視柯達的牙齒，你不會知道有任何問題存在；必須用X光才能看出裡面出了什麼情況。在和我的獸醫討論過所有選項後，我們同意那顆牙必須拔除，以終止柯達可能會承受的任何痛苦。柯達接受了治療，康復情況十分良好。獸醫表示她一定要告訴我，她很高興我遵循了我的直覺。

我或許是個具有心靈能力的通靈師，但是連我都不一定會遵循我的直覺，原因在於，如同我曾說過的，直覺可能極其難以捉摸，因而有時我會認為那不過是我的某個念頭、我的想像，或是一廂情願的想法，而不是直覺對我的輕輕一推——不過這次不一樣！**有時你必須相信自己的感覺，即使邏輯指示你前往不同的方向。**經由遵循你的直覺，你會獲得引導，進而做出更好的選擇。

記錄直覺帶來的引動

直覺給你的訊息或輕推可能出現在任何時間與地點。**我建議你隨身攜帶一小本日誌，**

以便任何時候感覺到自己正在遵照直覺行動，都記錄下來，記下在那個時刻你擁有的任何念頭、幻覺或感覺。我也會試著注意何時我接收到了某個想法，而那個想法卻與我生命中不論什麼時刻出現的情況都毫無關係。如果發生這種情形，我會停下來問自己，那是否是因直覺而產生的想法，而我需要據此採取行動。

因此，下次你認為自己心生的念頭或感覺是源自於直覺時，即使你仍不確定那是否是你的想像所編造，只要停下片刻接著問自己：「這種想法或感覺是『向』我而來——還是『來自於』我？」在你這麼做時，你會強烈地感覺到接下來該怎麼做或應該轉往哪個方向，然後希望你的直覺會提供你更清楚的提示。要記得，**你的想像通常會進入你的思緒之後又離開，反之，某種預感或直覺給你的輕推很可能會不斷反覆出現**。

以下是個簡單的例子：某天你突然想要打電話給你姊姊或其他家庭成員。你心想：「我上禮拜才跟她說過話，我過些時候再打給她。」過了幾天以後，你又有了那個想法：「打電話給姊姊！」你再次告訴自己晚點再打給她。隔天那個想法又回來了，因此你終於拿起電話打給你姊姊，卻發現其實有事情發生，而你姊姊很高興接到你的電話。了解了吧！想像會來了又去，但心靈的印象或直覺的輕推會反覆不斷出現。若你不注意，那些訊息會變得更強烈或更張揚，直到你終於據此採取行動為止。相信你的直覺，它不會令你失望。

以身體作為管道

你是否知道自己已經具備了一件基礎設備，這件設備將無止境地提供你心靈方面的資訊與指引？不用捨近求遠，**從你自己的肉體就可以尋求到答案**。事情其實就是這麼簡單！我們全都不斷地透過精神感知在接收資訊，不過大多數人並不了解，在這個過程中充當管道的，是他們的身體。你的身體就像是一根巨大的精神天線，根據自身的接收能力在運作。在你能夠運用你的能力前，必須先花點時間更熟悉並學習如何利用這件設備——因為你**「就是」這件設備**。

過去曾進行過的許多研究都有助於深入探究：我們的器官與腺體如何在取得精神資訊的過程中扮演如此關鍵的角色。這些器官與腺體不只是在生理層面上運作，它們也是超出我們物質界範圍的資訊接收器，能夠幫助我們獲取和接收心靈層次的資訊；其中包括腦下垂體與松果體、心臟、神經末梢、腦部及胃部。基本上，在資訊傳遞的過程中，「整個」身體都會用到。所有事物都是由能量所構成，包括我們自己，因此，珍惜這件珍貴的用品及明瞭它對我們整個身體健康的影響，是非常重要的。

古代東方與西方的精神哲學教導我們，**在萬事萬物中都遍布著宇宙的生命力，其中包括我們自己**。這種精神能量將生命吹進了我們的身體，讓我們得以和環繞在我們所有人四周的宇宙力量保持連結。古代中醫對於這種從我們的身體中流過的宇宙能量有自己獨特的稱呼，那就是「氣」，或是印度人所說的「普拉那」。這種能量大量流過我們的重要器官，沿著名為「經絡」P298的內部網絡系統，滲入我們的骨頭、血流與身體的其他部位。

治療師及如針灸師和按摩師等其他自然療法的從業人員打交道的對象，就是這種「精神能量」。他們的工作通常都是要去除在我們能量系統中的阻塞情況，讓能量得以自由流動。如果對我們能量系統中的阻塞情況置之不理，這些阻塞可能會以如疼痛等病痛的形式展現，或它們也可能使得我們的心理與情緒狀態因此而失衡。讓我們整個系統中的能量保持順暢流動，能夠使我們的心靈與身體更加健康。

傾聽身體的聲音

你的身體時常透過自身的心靈語言傳送信號給你。不論那是某種本能反應、身體上的感覺、情緒或甚至是一場夢，你的身體都在對你說話！

我曾經身陷一場幾乎致命的車禍，那時我才真正學到了傾聽自己身體聲音的第一課。那場意外對我的身體系統所造成的衝擊，導致我的能量中心（即大家更熟知的脈輪系統）被迫打開。在此之前，我還極常抗拒自己的能力，但是如今這些能力卻帶著我以從未體會過的力量與強度回到我的身體裡。

儘管如此，我並不想在尚未建立起某種認知與覺察的清楚框架時，就隨意地接受這種能力。我必須知道這種能力是怎麼出現的及原因為何，但是更重要的是，我需要知道我是否能夠控制這種能力。在那場車禍後，我便全心投入於研究我能看到的關於身體內外所必需能量的所有資料（但是，**你無須從你自己以外的地方尋找答案，或一定要發生某種意外才能擁有心靈能力**）。

在發生問題以前，我們一般都不會將足夠的注意力放在自己的身體上，或留心身體發出的信號，因此，**在開發你的心靈能力的過程中，學會不要忽視你身體的感覺或感受極其重**

要。接受這些感覺，傾聽它們的聲音。利用冥想，你可以找到你的身體在試著對你說些什麼的答案——所以直接提出問題就對了！剛開始你可能得不到任何結果，但是堅持是值得的，因為隨著練習，要達到你的目標真的會變得更加容易。

忽視你的身體或你的感覺等同於忽視你的直覺。我從自身的經驗中得知，如果我夢到自己浸在水裡，水淹到了我的胸口，這通常預示著我即將罹患支氣管炎，所以我會更照顧好自己，確保自己服用大量的維生素C作為預防。換句話說，面對警訊我不僅「認同」更「採取了行動」。

照顧好你的身體和你的健康應該是第一優先事項，當你在開發自己的心靈與通靈能力時尤其應該如此。歸根究底，是你要為你的身體健康負責。我認為，遵循以平衡與適度為目標的養生之道是必要的：飲食適當，大量喝水，還有每天補充適當的維生素、休息（以及睡覺），加上運動。如果你擁有潔淨健康的身體，想要減少那些「阻塞」會有更大的機會，而這將提供很大的幫助，使你變得更容易接受能量。

敏感的代價

我總是告訴我的學生，要將以下這句話深深烙印在心裡：**敏感所要付出的代價，就是敏感**。

請記得，**從事通靈工作可能會使你變得特別敏感**，因此，你可能偶爾會感覺到疲倦或筋疲力盡。變得敏感是隨著這份工作而來的結果，而我聽到同行最常說的話之一就是：

「那是工作的一部分。」如果你的敏感度不夠高，就無法輕易地聯繫上彼岸或察覺到彼岸的存在。

許多敏感的人同樣有焦慮的問題，這是很常見的，而所有跟我很熟的人都知道，焦慮有時也會對我造成影響。我是在有酗酒問題的家庭裡長大，因此我了解孩童時期的「擔憂」會轉變成成年之後的「焦慮」。

對我來說，**在照顧自己與扮演專業的通靈師之間取得平衡**是一輩子的工作。不論何時都有大量的能量流過我的身體；當我在為進行演示做準備時，能量可能會劇烈累積，我必須自行掌控這項微妙的平衡，才不致會損害到自己的健康與整體福祉。我並不是在說每個為焦慮所苦的人都一定能夠成為靈媒或通靈師，而我也總是建議任何人：**如果有長期焦慮的問題，應該聯絡醫師或治療師尋求幫助**。

讓自己擺脫緊張與壓力是件很重要的事，不論是透過按摩治療、瑜伽、冥想或運動都可以。找出對你而言最有效的方法，試著將這個方法加入你的日常行程裡。外出享受自然風光，去森林裡或到海濱長途健行；深呼吸！大自然是很棒的治療師。最重要的是，**要記得關閉你的脈輪系統**（第二百五十一頁會說明要怎麼做到）。

在開發你的直覺能力時，如果感覺壓力過大，那也不用太擔心，這時候，只要脫離你的訓練休息個幾天，或不論你需要休息多久都可以。你如今所身處的是這個物質界，所以你必須踏實地生活，同時在你的物質生活與精神生活之間保持平衡。重視你的「設備」，**肉體並不只是讓你在這個塵世的期間能夠四處走動的容器**，肉體的作用在於：在你的精神還活在這個肉體中的這段期間提供你協助。期許你永遠不會再以相同的眼光看待你的身體；**要明白你和你的身體有多特別——並彼此相互了解。**

我們都是能量

接收精神資訊關係到的是能量。萬事萬物都是由能量所構成，人、靈性的存在、地方及物體都能夠儲存能量。既然你也是能量，你自然可以透過精神感知接收與閱讀資訊。

心靈能力就像是一台電視機，我們都知道自己無法透過頻道看到電視的信號（因為信號是以極高的頻率在振動），但都知道信號正在被傳送當中。電視機接收到這些信號，接著以某種方式加以解讀，進而在螢幕上形成畫面。因此，在說到精神能量時，也可以用同一套邏輯來加以解釋。我們經由精神感知持續接收資訊，結果造成一種印象或感覺，那就是我們在接收訊息時並未利用到我們的身體感知。隨著我們逐漸提升自己的心靈力量，我們會更懂得怎麼解讀與詮釋所收到的信號與記號。

在訓練如何運用心靈或通靈能力時，你必須明白你同時也是在訓練你的意識，並以它所不習慣的方式來接收各種想法與資訊，因此，最好是經由確認以下事實來為你的意識提供些許指引：「我有通靈能力，所以對我來說，接收到超出我正常能力範圍以外的文字、影像與感覺是很自然的。」

長久以來，我總是竭盡全力地說明心靈能力的作用方式及不同程度的接收能力。對我而言，**讓其他人對通靈工作的真實性與正當性感到安心是件很重要的事。**

我在英國接受培訓期間學到很多這方面的知識，當時我還自行研究過已故的艾薇・諾爾西區的工作情形，我總是能在這位知名通靈師的工作方式中找到共鳴——很希望我能夠有機會在她還活著時見到她啊！我的某些同行很幸運地曾上過她的課，我從他們那裡聽說她十分有影響力，也是一名極其嚴格的老師。艾薇的名言之一是：「當你認可並相信自己和自己具有通靈能力，你的心靈會打開，以便接受隨著你的成長而來的精神鍛鍊。」

這些年來，我了解到世上具有通靈能力的人有三種（這也是我現在的想法）：有些人擁有不受控制的能力，有些人的能力得到了部分開發，更有些人認可了自己的潛能，能夠掌控自己的能力。為了提供多一點說明，以下便以較長的篇幅來解釋這三種情況：

- **不受控制的能力**：這些人具有心靈方面的敏感度卻根本不清楚這點。他們的回應停留在情緒層次上，在面對靈界、其他人及外在環境的刺激時，他們如同是一座開放的燈塔。他們在洶湧的人潮中可能會感到不適。他們具有同理心P296，會注意到其他人的情緒，可能偶爾感覺得到靈界所發出的訊息。
- **能力得到部分開發**：擁有這個程度能力的人通常對於他們能力的作用機制或作用方式幾乎或根本毫無所知。他們難以分辨真正的通靈能力與他們自身的想法。他們可能曾經看過或研究過一些關於這項主題的資料，但是從未持續他們的學習或練習運用他們的能力。
- **大師**：這是我希望每位學生努力的方向。處於這個水平的人會意識到他們通靈能力的作用方式，並了解如何與神靈進行合作。他們能夠隨意掌控自己的能力，受過培訓，是靈魂所傳送訊息的合格接收者。他們能夠熟練運用自己的能力，而非反而受制於這些能力。

當我聽見學生告訴我靈界一直在打擾他們，這讓我知道他們尚未學會如何利用他們的脈輪系統關閉自己（詳見第二百五十一頁），或是如何收回他們的氣場（詳見第二百二十七頁）。換句話說，他們還沒有熟練掌握他們的能力。這份工作我已經做了許多年，因此，我能夠在不需要進行通靈時讓自己脫離與靈界持續連結的狀態。當我沒在工作時，靈魂必須非常強大或堅持才能吸引到我的注意。如果的確出現了這種情形，通常都是因為在我身上即將有事發生，而靈魂也會非常自然地開始與我的能量交融。在這種情況下，我會直接用我的想法對他們說：「事情發生的時候見！」當然，如果他們有什麼重要的訊息或某種警訊要傳達，我可能也沒有選擇——有些靈魂的態度真的相當堅定！

曾經，在我受邀參加的一場派對上，當那名男性一走進房間，我就發現他已經過世的哥哥正跟在他身旁。我所身處的場合並非是某次靈性聚會、團體通靈或任何類似的情況，我只是陪伴朋友來參加這場為電腦軟體技術人員所舉辦的聚會；除了我的朋友，沒有人知道我是誰。

因此，我人在那裡，其實並不知道在這種情況下應該怎麼做才對。我並不想走到那個人面前對他說：「嗨，你是不是失去過一個哥哥？」然後開始進行全套的感應流程——這種做法很可能會嚇壞他。此外，我並不提倡走到人們面前將訊息告訴他們，原因是我根本無法確定他們的信仰或他們的個人想法，我也不想突然提到他們的隱私或挑起他們的情緒。那是不道德的；**我尊重靈界，但是我也必須尊重身處這個塵世的人。**

相反的，我送出了一個想法：「如果你想要我轉達訊息給你的弟弟知道，那麼你就得想出這件事該怎麼進行。」

當天晚上我並「沒有」收到任何訊息。然而，你可以確信，當靈魂想要傳送訊息給某個人，他們會想出達到這個目的的最好方法，以及適當的時間和地點。我希望這名處於靈魂狀態的哥哥，可以引導弟弟去找某個能夠將訊息傳達給他的人。

練習和實踐的要點

如果你覺得成為靈媒或通靈師是你的天職，那麼我鼓勵你確實投入學習。你必須學會如何運用你的心靈與通靈能力，並且了解這一切能力的作用機制。此外，**還有任何好的通靈師都應該實踐的道德標準**（詳見第二百八十一頁）；遵循這些標準將使你最終成為更有自信也更受尊敬的通靈師，贏得在這個塵世的人及在彼岸那些人的敬重。

談到實踐，我想和大家分享以下的練習方式，這種練習方式對剛入門的人十分有用。

初學者的通靈練習

運用你的通靈能力就和運用你身體的每塊肌肉一樣：你必須使用它才能讓它變得更加

強大。我時常在我的工作坊裡進行這項練習，它會非常有幫助也非常有趣。我會請某個人「假裝」他已經擁有心靈覺察能力，接著他會從房間裡選出另一個人，選擇的標準是他感覺自己很自然地受到這個人的吸引。最後我會請他說出他接收到的任何資訊，即使他覺得那些資訊是自己編造的。

當你感覺自由的時候，將沒有需要把事情做對的壓力，你會享受做事的樂趣！在這種情況下，你的想像力與心靈能力會同時發揮作用，使資訊得以自然流動。當你沒有需要表現或必須校準壓力時，親人的靈魂會悄悄進入你的心裡，這種情形十分常見。

當然，時常出現的結果是，每個人都以為自己是在編造所有的資訊，但稍後卻發現他們曾經接收到某些準確的資訊。儘管錯誤的次數可能與說中的次數一樣多，但是學生們與班上其他人都為實際提供了多少準確資訊而感到驚喜。這是因為他們在享受其中的樂趣，讓自己擁有無須滿足任何期待的全然自由。

以下是一些你可以嘗試的簡單動作，以便你開發自己的能力——

- 一大早在你的桌子前面坐下來前，先「問自己」：「我今天會收到多少封電子郵件？」或「今天我的老闆會穿什麼衣服？」
- 當電話響起，在你查看來電顯示以前，先看你是否可以「感覺到」在電話另一頭的人是誰。
- 當收到水電瓦斯費的帳單，在你打開信封以前，試著「猜猜看」金額是多少。

• 如果你所在的建築物裡有許多電梯，站在你「覺得」會先打開的那扇電梯門前。
• 如果你感覺很有自信，看看你是否能「想像到」明天報紙頭條中的一、兩個字。

在練習並且慢慢進步之際，**注意不要太過執著在你是對還是錯這點上**。努力去做才是重點，這將帶來很大的幫助，有助於你明白自己的直覺或心靈能力是如何接收與詮釋資訊。必須再次強調的是，每個人都是以自己的方式來提升自己的直覺性心靈能力，因此**你絕對不應該試圖仿效其他人**。

記錄你的進步

先前我提到為自己保留一間特殊的房間，其作用在於幫助你沉靜自己的心靈，進而使你得以入定，但這間特別房間（或說聖所）也可以是你進行通靈方面研習的地方。

除了**為自己打造這個專用的場地**外，我強烈推薦你應該要**記日誌**，將在你心靈中的想法、你做的夢和你的印象都記錄下來。

你可以決定不只使用一本日誌，將日誌放到不同的地點，如此一來，不論身在何處，你都會有地方可以用來記錄你的進步，還有那些一閃而過的直覺與印象（你也可以用手機上的電子應用程式或其他私人的電子設備來記錄）。

請記得，**心靈的感應可能發生在任何時間、任何地點！**你的日誌會成為十分有用的資源——不論是在現在或在未來，當你回顧自己的進步時，都是如此。這些日誌將有助於深入解析你正確或錯誤的時刻，但誰知道呢，或許這些日誌本身甚至能變成教學手冊。我的日誌已經記了許多年，當中記錄了我的預感、印象、練習，以及當然——還有我做的夢。如今當我回顧其中的資料，我可以看到我的能力是怎麼提升的，以及這些能力如何增長進而變得更加清楚，更與我肉體的其餘部位進一步結合。事實上，如今我所使用的某些教學方法就是源自於那些日誌！

記錄你的通靈日誌的訣竅

如果你即將開始記錄你的第一本日誌，**務必確保你在記錄時也要記下時間與日期**，如此一來當你在過了幾天、幾個月或甚至幾年之後回顧，你才能看到自己的進步。

以下是一些你可能會想要寫進你的通靈日誌裡的想法：

- 出現在你身上的任何出乎意料的想法或印象。這些想法或印象似乎都脫離了你日常行程的範圍，即使你感覺它們都是你編造的。
- 似乎不斷發生在你生活中的巧合與共時性事件。
- 不停出現在你生活周遭的同一組數字，不論是汽車牌照、時鐘或電話等，你都會在上面看到這組數字。
- 你所能記得的來自於睡夢中的內容、影像與情緒。
- 出現在你心裡的任何圖片或記號（試著不要去編輯你所接收到的資訊）。

• 你個人的目標與渴望。
• 真的對你有所啟發的鼓勵話語（或自己動手寫幾句話）。

僅僅是記日誌的過程本身就有助於擴展你的意識，這是因為你即將開始探索並認識你自己內在的導引系統。這將使得你逐漸覺醒，進而令你開始注意自己的頭腦與心靈如何彼此配合，對你的靈魂話語進行詮釋。

第八章

你的精神力量

一旦你發掘出自己特有的精神力量，你便能夠取得這些能力。這些能力就是所謂的超覺知力、天眼通能力與天聽能力。

我們之中的每個人，都生來便具有自己所獨有的一組個人天賦、才能與能力。就好像某些人有能力成為藝術家、老師、建築工人、私人教練或作家，我們同樣可以說——成為靈媒是因為個人的能力。

我研究精神意識與通靈已經超過了二十年，如果我有了解到一件事，那就是我們都擁有某種心靈能力，而我們每個人也都是仰賴那種心靈能力以各自的特殊方式在活動。我喜歡教導我的學生，在強化核心心靈能力的機制與內心活動時，需要擁有堅實的基礎與完整的了解。我會教導人們如何將這些能力運用於他們的日常生活當中，包括他們的家庭生活、職業生活、社會生活，以及他們的私人關係。

一旦你開始運用自己獨特的心靈能力，當探索你通靈潛能的時候到來，你的心靈能力能夠幫助你進行練習。我鼓勵我的學生**對於運用自己心靈能力的方式要能全盤通曉並且感覺自在**，而後我們才會往下進行通靈方面的教學，之所以這麼做，是因為他們必須透過自己的精神感知來獲得並運用通靈能力。

雖然心靈能力的種類繁多，但是為了達到這本書的目的，我想將重點放在三種最常見的能力上，一旦你發掘出自己特有的精神力量，你便能夠取得這些能力。**這些能力，就是所謂的超覺知力、天眼通能力與天聽能力。**當我在進行通靈時，靈人會利用我作為他們的工具，透過許多種方式來傳遞資訊，不過通常都是我的超覺知力與天眼通能力發揮了力量，才取得了最好的結果與最清楚的訊息。

了解你自身的力量

在觀看靈媒或通靈師進行感應時，光是聽到他們在工作期間的用字，就能夠得到充分的線索，知道他們具有哪種心靈或通靈能力。你會時常聽到他們說：「我『覺得』或『感覺到』……」（超覺知力）「『顯示』在我眼前的是……」（天眼通能力）或「我『聽見』或有人對我『說』……」（天聽能力）。

如果某些人已經知道自己在精神方面的核心優勢在哪裡，那也是很自然的事。舉例來說，如果你認為自己在精神方面的特有才能是成為一名「感知者」，那麼你就應該努力強化自己的超覺知力，之後才開始提升其他方面的精神感知。

我注意到許多來參加我工作坊的學生，剛開始時都以為天眼通能力是接收心靈資訊最有效的方式。然而，超覺知力強大者同樣可以有傑出的表現。隨著時間與練習，再加上一點耐性，對於這三種基本的精神感知，你可能都得以運用自如，使得它們能彼此協調，一同發揮作用。

藉由**先找出哪種能力是你的主要專長**，你將能夠憑藉你獨特的精神自我，開始為自己打造一個堅實的基礎，同時提升自己的頻率並變得更具有接納能力，而這兩種特質都是進行通靈所必需。

如果你選擇繼續開發你的通靈潛能，那麼請放開自己並且保持彈性，觀察自己有哪些能力開始成長增強，如此一來，靈界便能以「他們的」方式來幫助你發揮你的特長，你的能力可能會從某個階段前進到下一個階段。

我現在在通靈時會用到我所有的心靈能力，但在過去，超覺知力才是我擁有的最強大力量。靈魂知道你的長處與短處，而我認為偶爾將以下想法傳送給神靈是一件好事：「利用我，不過在利用我時要用『你們的』方式，而非我的方式。」若說有什麼差別，即這麼做會讓你保持謙遜，同時對能夠幫助你通靈能力持續提升並進化的機會抱持開放的態度。

另外，還需要記住一點：**你絕對不應該模仿其他靈媒或通靈師進行感應的方式**。為什麼呢？仔細想想就知道，這麼做代表——你頂多只會有次於原版的第二好表現。有些學生可能看到某個受歡迎的通靈師，便試圖按照他們欽佩的那個人的感應方式來改造自己的通靈能力。然而，其實這種行為反而會對他們自身的通靈能力開發與成長造成阻礙，導致失去強化自己敏銳感知的機會。

做你自己。不要試圖改造自己或強行開發自己的能力；這麼做會對你自己造成極大的傷害。

相信神靈

多年來，隨著我的能力逐漸成長及改變，有時我會同時用到我的三種心靈能力，至於我是否會這麼做，則取決於我在接收並轉達來自於靈人的訊息期間靈人們的需要。我只是讓自己保持開放，然後請他們以他們的方式而非我的方式來利用我，這是因為我對靈界是毫無保留地信任。他們知道他們自己在做些什麼，而就我的情況來說，即使在人山人海的觀眾面前，也從未令他們感到退縮！

幾年前，有一次我要為我的出版商進行一場主題演講外加通靈演示，那天現場擠滿了觀眾，人數超過了兩千人。當時我並不知道自己的演講會在線上同步直播，提供無法參與這場盛會的人觀看。當我聽見我的名字時，我走上台、站到聚光燈下，接著隨即注意到觀眾席上方的燈光被轉暗，暗到我幾乎看不到觀眾。

我小聲地對後台組織這場盛會的人說：「請把燈光調亮，我喜歡可以看得到觀眾。」我等了一會兒，觀眾席上仍舊是一片昏暗。我可以感覺到在我面前的觀眾正焦急地等待我開始，於是我再次提出要求：「麻煩把燈光調亮。」

監督人員透過後台帷幕大聲耳語說：「我們做不到！現在在直播，我們需要這個樣子的燈光，必須只有台上有燈光，那些在家的觀眾才能看得到你。」

我並沒有為此而驚慌失措或發出叫喊，我只是迅速地將我的想法傳遞給靈人：「嗯，**我們接下來該怎麼做？」**

突然間，我感覺到我的天聽能力被開啟，就像有人將音量轉到了最大一樣！那天，我運用自己的天聽能力，進行了整整九十分鐘的演講加通靈演示。從彼岸傳過來的訊息又快又清楚，靈人們介紹自己，描述自己是如何往生、自己的姓名，以及他們過去住所的地理位置。我接收到關於他們的嗜好及他們與在場觀眾有什麼關係的詳細資訊，每個靈魂都被在場的某一名觀眾認出、證實身分並且接受，而在此同時，資訊就在現場流動。

在昏暗的燈光之下，極其不尋常又有些令人困窘的是，我看不見任何一名向我回話的觀眾。我必須完全仰賴自己的天聽能力來傾聽靈人的聲音及來自於觀眾的回應。那純粹是天聽能力發揮到了極限，也是我很久都不會忘記的一天！我不能獨攬所有的功勞——我只是個管道，並非幕後功臣。那天在彼岸的那些人也應該受到讚揚！

在那天，靈人們知道我沒有機會看到觀眾或以我慣常的方式工作，因此他們接手了。我保持冷靜，因為我就是知道他們不會讓我失望，或者該說是不會讓希望得到來自他們親人消息的那兩千名觀眾失望。在這種情況下，我只需要別讓自己擋在路上，並且將我的信任付諸於神靈。

如同我先前所說的，**在你開始發掘自己的能力時，知道自己的精神力量在哪方面可能最為強大是件好事，但請試著不要將自己鎖死在一種能力上。**請讓自己能夠自由地發現與了解所有能力的運作方式與機制，在未來你也會以你從未以為可能的方式學習並成長。

現在一起來探索三種主要能力的運作方式，同時發掘你實際上擁有多少種能力。

超覺知力——清楚的感知

超覺知力是「體驗」方面的內在感知。

這是大家較為熟悉的一種直覺，很可能也是最容易開發並獲得的一種。比方說，你是否曾經走進某個最近才發生過爭吵的房間，而你可以實際「感覺到」那場衝突？你知道為什麼會出現這種情況嗎？

當有能量殘留，最終你會透過自己的超覺知力，感覺到引發那次爭吵的那些情緒與狀況——換句話說，你「感覺到」了最近才發生的那次爭吵當中混亂且負面的能量。

以下是另一個例子——

假設在一場社交聚會中，在他人的介紹下你初次認識了某人，而你立刻產生了那種不舒服或不自在的感覺。要領略到你的感覺並沒有那麼困難，你就是「知道」你不會真的和那個人有所聯繫。那是種直覺反應，但我們卻通常會將它合理化，告訴自己我們和他們之間大概不會有任何共同點。

實際發生的情況是，你接收到了來自於那個人的氣場的想法與感覺，接著這些想法與感覺便經由你位在腹部的太陽神經叢脈輪傳遞出去（第十章會詳述七大脈輪系統及這些脈輪和你的心靈能力的關聯，詳見第二百三十九頁），最後形成了我們極常提到的「直覺」，在這種情況下，其實就是超覺知力的一種形式。

自我檢測

想想以下問題。每個「肯定」的答案都是超覺知力存在的有力證明。

□他人是否很容易傷到你的感覺？

□在與某人碰面時，你是否憑藉直覺就知道有事情不對勁，儘管他們看起來很高興的樣子？

□在你開車時，你是否會直覺地感覺到你什麼時候應該轉往某條特定路線，結果後來發現在你原本的路線上有著嚴重的交通阻塞？

□當有人感覺情緒低落或需要傾訴心事時，你是否是每個人都會去找的那個人？

□當你走進某個房間，你是否就能夠「感覺到」家具的擺放方式是對是錯？

□你是否曾注意到人們就是會受到你的吸引？是否常有人找上你問路？另外，當你在商店裡購物時，人們是否會以為你是店內的員工並且問你問題？

以上只是一些可能的跡象，用以證明你具有超覺知力的敏感性。

人們自然而然地會被具有超覺知力者所吸引。許多身為「感知者」的人同時會接收到其他人的「東西」——此「東西」指的是「非來自你的資訊」。如果你天生擅長的心靈能力是「感知」，你極有可能會捕捉到來自其他人的振動，而這或許會對你的性情造成影響。

在此我需要提出一項警告。**如果你具有超覺知力，可能會感受到其他人的情緒，不論快樂或悲傷都包括在內**。如果你的性情一般來說偏向樂觀，卻因為某種莫名其妙的原因而開始感到情緒低落（而在你的周遭並沒有任何會引發這種情緒的事情發生），試著從不同角度來面對這種情況。與其納悶：「我到底有什麼問題？」不如問自己：「『誰』造成了我的問題？」你很可能是在不知情的情況下，接收到來自另外一個人的感受或振動，而你的心靈能力有能力也想要提供協助。

下次如果再出現這種情形，請暫停幾分鐘，將注意力集中在你的太陽神經叢脈輪上，然後問自己：「這些是誰的感受？」在這麼做之後，看看你心中是否出現了某個人的影像。那可能是任何人的影像，從你的家人到最好的朋友、鄰居或甚至是同事都有可能。試試打個電話給他們，隨意詢問一下他們的情況。你可能會驚訝地發現：他們才是正感覺情緒低落的那個人。

我們所生活的這個社會較不習慣於擁抱、碰觸或接納彼此。**具有超覺知力的人需要用身體來碰觸和感覺事物**。這不僅是對你的直覺性心靈能力有益處，更有助於你在更深許多的靈魂層次上了解某人——換句話說，你所要進行的是「**靈魂對靈魂**」的聯繫。

我們的手是很棒的能量接收器。下次當你新認識某個人，看進他們的眼裡進行溝通，握住他們的手，然後建立「真正的」連結。同樣地，當你遇見朋友，給他們一個大大的擁抱。僅僅是察覺到自己的超覺知力並對自己接收資訊的隱約方式有所了解，就能在極多方面幫上你的忙，你也會因此獲得一項很有用的工具，有助於你針對那些懸而未決的問題找到正確的答案。

在通靈層次上的超覺知力

如果通靈師在感應期間運用他們的超覺知力，不論對方是男性、女性、少年或老者，他們能夠「感覺」或「感受到」靈魂的能量，也能知道靈魂在世時是在身體的哪個部位有病痛，而那可能是導致他們前往彼岸的原因。通靈師會描述靈魂的性格，了解他們的習性，在某些情況下還會表現出靈魂所具有的特徵。

這是大多數通靈師最常見的通靈方式，至於靈魂能夠讓通靈師感知到哪些事情，在這方面並沒有任何限制。

當靈魂慢慢靠近我，與我的氣場交融，我可能會開始講話和走路方式就像他們一樣，或許甚至會表現出他們所具有的某些特徵，例如緊張時的抽搐，或是當他們還在這個塵世擁有肉體時眾所周知的面部表情。來參加通靈會的人於是開始目睹他們的親人以我作為他們的容器表露出他們的真實個性與性格，看到這時浮現在這些人臉上的神情，總是會令我感到愉悅。這幾乎就像是他們的親人出現在他們的面前一樣，事實上，就精神層面而言，也的確是如此！

過去也曾有人教我，身為通靈師，我甚至能進一步地與靈魂進行交融，也就是請求他們靠近並與我的氣場融合，幾乎就像是他們與我的身體結合了一樣。這就好像是我變成了他們，透過他們的眼睛在看東西。現在，當我運用超覺知力與已經往生的某人建立聯繫，我會做我在非常初期就學到的一件事，亦即：少一點自我——多一點靈魂。

練習開啟你的超覺知力精神感知

你可以為了各種原因而運用你的精神力量。如果你正準備做出一項重要的決定，不論那項決定關係到的是新關係或新生意、買輛新車或買間新房子，甚至是換工作，你可以將注意力集中在你的超覺知力的管道上，亦即你的太陽神經叢脈輪（第二百四十頁、二百四十二頁）上，接著，可以嘗試進行以下練習。

- 首先，到你的私人空間讓自己平靜下來。閉上眼睛，雙手輕輕交握置於你的太陽神經叢部位上。想像這個部位逐漸被美麗的黃光所填滿。
- 在你感覺安然而自在時，詢問自己「對於這項決定我有什麼感覺？」或「我對這個人的感覺怎麼樣？」
- 看看你心中是否有某種感覺或影像浮現，進而問自己：「出現的感覺或影像帶給我的是正面抑或負面的感受？」如果出現的感覺令你感到不舒服，那麼就再問自己：「為什麼我會感覺不舒服？」你問的問題愈明確，得到的答案也可能會愈明確。這項練習只會耗費幾分鐘的時間，卻能夠提供一些真的很有用的深刻見解！

其他鍛鍊超覺知力的練習

以下是另一項很棒的練習，這項練習讓我節省了許多時間，不再不必要地為其他人的行為而責怪自己。當你感覺或感受到某個人所散發的負面情緒，可以利用這項技巧去了解在他們身上發生了什麼事——重點是：在你開始責怪自己以前採取行動。

- 你需要做的第一件事就是：別讓自己擋住了自己的路。摒棄與你所察覺或感覺到的一切相關的想法。放鬆，閉上你的眼睛，然後深呼吸。
- 試著想像你確實正在融入其他人的身體裡，變成了那個人。去體驗他們的感受。看現在你是否更加明白實際上發生了什麼事，以及你可能幫上什麼忙。

如今你對超覺知力已有基本的認識，也知道如何獲得這項能力，你可以實驗性地將這項能力運用在生活中你感覺可能受益的任何方面。這項感知能力可以往上調；如果有必要，你也可以藉由將注意力集中在你的太陽神經叢上，同時想像黃光逐漸變小，將這項能力調弱以降低你的精神敏感度。

一旦你練習過如何運用你的超覺知力，便可以嘗試到鄉間走走，放開自己去「感受」郊外所有美景。由於萬事萬物都是由能量構成，你很快就能學會如何去感受這美麗的一切。

天眼通能力——清楚看見的能力

天眼通能力是與「看」這個動作有關的內在感知。如果你接收到的是影像、圖片、記號與顏色，那就是天眼通能力在發揮作用。必須注意的是，**這與物理意義上透過你的眼睛看無關；而是關係到運用你內心的眼睛，即大家更為熟知的「第三隻眼」**。我相信，靈魂絕對不會完全不用圖像說話。

別讓任何廣為流傳的、關於天眼通能力的錯誤觀點，阻礙到你的個人發展。我們都知道有些人可能覺得未知有點可怕，而理智的力量有時也有可能發揮很強大的嚇阻作用。甚至光是「天眼通能力」這個詞本身，就可能招致反感，大家很容易就會受到電視節目的影響，節目根據刻板印象將那些充斥著陳腔濫調的形象套用到具有天眼通能力的人身上，例如煙霧瀰漫的房間及緊握住水晶球的雙手。現在，破解那些迷思的時刻到了！曾經，有一對很可愛的伴侶告訴了我一個很棒的故事，內容是關於怎麼讓天眼通能力成為一種日常體驗。

傑克坐在他家客廳裡，抬頭看著一幅新買的天使畫像，他的妻子很自豪地將那幅畫掛在他們家的壁爐上方。傑克凝視著那幅新買的藝術作品，試著搞清楚自己是否喜歡它，這時他注意到天使的臉孔開始變得模糊並產生變化——新的臉孔就在他面前逐漸改變進而成形。

他眨了幾次眼睛，想看他所見到的一切是否會變得清晰，但是他眼前的影像卻持續轉變。天使開始看起來像是他的阿姨瑪麗，他已經有段日子沒見到她了。當然，他告訴自己他是產生了幻覺，並且將這次經驗歸因於是自己在幻想。他度過了漫長的一天，所以他直接認定自己是太累了。

嗯，那是他的理智告訴他的解釋，畢竟他對這一切「東西」並不熱衷，當他在講述自己的故事時，開玩笑地對我這麼說明。

隔天，傑克感到很困惑，因為他阿姨的臉不斷地浮現在他腦海裡，他無法將她的影像驅逐。他打電話給他表姊卡蘿——瑪麗的女兒，謹慎地告訴她發生在他身上的狀況。他知道卡蘿對這類超自然現象比較了解，也抱持著較為開放的態度。當卡蘿確認了傑克不是在說故事，電話一掛斷，她便打給了她母親，以確定目前的情況。「媽，我是卡蘿。我知道這聽起來很怪，但我只是打電話來確定妳是否一切平安？」她母親告訴她她一切都好，但也提到了她最近一直感覺頭有點暈。卡蘿決定隔天帶母親去做檢查，以防萬一。

嗯，我想你知道這個故事接下來的走向了。醫生進行了一整套常規檢驗，結果發現傑克的阿姨瑪麗血壓高得異常，需要立即接受藥物治療。由於傑克的天眼通影像及後續所採取的行動，他的阿姨得以在她的健康惡化以前就到醫院接受治療。

自我檢測

思考以下問題。每個「肯定」的答案都是天眼通能力存在的有力證明：

□你是否時常經歷清晰又極其難忘的夢境？

□在談到布置家具以促進能量的流動或提升房間的美感時，你是否天生就有很好的眼光？

□你是否曾經一看到某個人就知道他們快要生病，即使他們看起來相當健康？

□在跟某人講電話時，儘管你們從未見過面，你是否能夠想像出他們的模樣？

□你是否曾經看著某樣東西，不論那是一幅畫、一塊木頭或甚至是一朵雲，結果在你正在看的那樣東西內部看到其他影像？

天眼通能力就是透過你的心眼在看東西。用科學一點的方式來說，這項能力的接收區位在第三隻眼脈輪處（即在你的眉毛之間），與腦下垂體有關。在掌握天眼通能力方面表現出強烈可能性的人，通常會想要將時間花在巨大、開闊的明亮空間裡。此外，當他們外出旅行，他們是那種必須看過所有景致的人，就好像他們無法忍受錯過任何東西一樣！與擁有超覺知力相同，一旦你知道如何利用特定的接收區及如何詮釋你自己的記號與影像，運用你的天眼通能力可能使你和其他人都因此而受益。

在能力開發的早期階段，許多學生告訴我他們所接收到的影像與記號可能會轉瞬即逝並且相當難以把握。如果你不是受過訓練的靈媒或通靈師，你可能並不具備經過強化的心靈意識，很可能你甚至不會注意到這類影像或記號的出現，因為它們很容易就會被你忽略。在這方面集中注意力的訓練會為你的天眼通能力帶來很大的助益。

我曾經聽過另一項很多人都會有的誤解是，有些人以為會有一道３Ｄ裂縫在他們面前打開，並且呈現出天眼通的影像。實際上，真實的情況少了許多戲劇性，反而更與接收記號或影像有關，而且有時也會接收到文字。

我們每個人對於記號都會有自己獨特的解釋，而某個影像或記號在一個人眼裡代表什麼意思，對於另一個人來說可能具有完全不同的涵義。隨著時間與練習，相同的記號會透過天眼通這個管道不斷出現在你面前，而你會經由建立你自己的類比與個人的參照標準，學會如何詮釋這些記號。

在你的日誌裡記下這些記號非常重要，如此你才能明白這些記號的關聯與重要性。詢問自己：「這個影像對我來說代表什麼？」一旦你能夠熟練運用你的天眼通能力，並且建立起一個很棒的通靈影像資料庫，那麼這句熟悉的話就會讓人聽起來再真實不過：「一張圖勝過千言萬語！」

要訓練和磨練你的天眼通能力有個好方法，就是聆聽冥想錄音帶，這些錄音帶運用形象化技巧，引領你在自己的心眼中展開一趟美麗的旅程。我也建議不論何時，如果你抽時間去郊外，試著留意在你身邊的所有事物，不論是深藍色的天空或是草原與樹木等能夠使人平靜的濃綠，都包括在內。嘗試注意你每天接觸的各種人所擁有的各種不同文化，很多人在開發自己的這項能力時就想要立刻用他們心靈的眼睛來看東西，但我卻認為重要的是先觀察及注意在這個物質界周遭的一切。如果你遵照我的建議，你的眼睛與心靈會得到進一步的鍛鍊，進而能夠注意到更多東西，這將有助你提升你的天眼通能力。

在通靈層次上的天眼通能力

許多靈媒與通靈師是以主觀的方式看訊息——換句話說，就是在他們自己的心裡看。有時你可能會注意到某個靈媒或通靈師在進行通靈感應時會往旁邊看，**或者他們的視線會越過來參加通靈會的人看向遠方**，這其實相當自然。例如，當我與靈界建立連結，眾所周知我會往我的左邊看，感知那個方向，即使實際上並沒有人在那裡。並不是我不想與來參加通靈會的人有眼神接觸，而是我正在進行溝通，與我所感覺或體驗到的事物進行能量交融。我將那個位置稱作我的「通靈螢幕」，而對我來說，那裡幾乎就像是有部迷你電影正在放映，就在我的眼前。多年來，我一直不斷磨練這項技巧，開發我的能力，以便能夠看到更清楚、解析度更高的影像。

就通靈而言，當通靈師運用他們的天眼通能力與靈魂進行交流，已經往生的人會傳送視覺影像到通靈師的心裡。傳送的影像有可能是他們的外貌，或甚至可能是當他們還活著時所生活的那個家。接著，通靈師會描述靈魂向他們展示的任何視覺影像。**靈魂傳送的訊息可能令人訝異，而我們的工作就只是形容我們接收到的所有影像——愈詳細愈好。**

我從不知道靈魂會向我展示些什麼，但是當他們想要向親人傳遞訊息，他們當然確實知道要傳送什麼內容。

有許多次，在我進行感應期間，靈魂會要我將身體往後仰，向上看著天花板。對我來說，這永遠代表了靈魂正試著告訴我，他們或訊息的接收對象與位在義大利的西斯汀教堂有關聯。我會看到米開朗基羅繪製在教堂天花板上的美麗畫作，就像我正透過靈魂之眼在看那些畫一樣。隨著練習與經驗的增加，靈界傳送給你的影像在你每次進行感應時會對你大致呈現相同的意義。

練習開啟你的天眼通精神感知

以下練習應該能夠幫你了解你心靈之眼（第二百四十頁、二百四十六頁）的所在位置，並有助於擴展你內心的視野。在你開始以前，先在你自己的空間裡讓自己平靜並放鬆下來。關掉電腦與電話。為了這項練習，你需要準備一小段白色的祈願蠟燭。

- 將點燃的蠟燭放在你前方的桌子上，然後舒服地坐下來。放鬆你的眼睛，直視著燭火。**你會感覺自己的眼睛開始濕潤**，這是完全自然同時也在預料之內的情況。當你的眼睛泛淚時，閉上眼睛，然後用兩隻手掌各蓋住一隻眼睛，讓自己眼前陷入完全的漆黑。
- 現在你應該開始注意到燭火正在你的心眼裡閃爍，就在你的**眉毛間稍微往上的位置**。等到燭火消失，接著再次重複這項練習，持續進行十到十五分鐘。在這項練習中，你的所作所為其實是在訓練及強化你的天眼（你會發現這個特殊的部位就位在你的鼻梁上方，而非在用你的肉眼往前直視的位置）。
- 下次你想要運用你的心靈能力來幫忙回答問題或做決定，先閉上你的眼睛，小心地將注意力集中在你的心靈之眼，即你的第三隻眼脈輪上。接著，開始提出你的問題。一如以往，請記得**問題要盡可能明確**。在一切結束後，**將原本的問題連同回答都記錄到你的日誌裡**，不論你看到的是記號、文字、顏色、某個人或某個物體都全部記下來。

藉由練習與試驗，你的這項能力將變得愈來愈敏銳。從容易的項目開始，先進行一些簡單的測試。你可以試試將紙牌的正面朝下，然後猜紙牌的花色。

其他訓練天眼通能力的練習

我在孩童時期經常和母親玩以下這個簡單的遊戲。當時我並不知道，即使我的年紀還那麼小，就已經在訓練自己的心靈能力了！找個朋友，請他在心裡想一個從一到五十之間的數字，看你是否能看出來那個數字是多少。說出出現在你的心眼中的第一個答案，而非試圖想太多；讓答案自發地產生。

另一項很棒的試驗是：請某個人站到另一個房間，選擇某樣東西握在他們的手裡。至於你，則是牢牢記住你從自己站著的房間裡所看到的一切，不論那是某種影像或輪廓。相信你所接收到的資訊，別讓你的邏輯思維試圖將它否決。

這些練習可能看起來簡單，但其實是讓你開始再次拓展自己的能力。現在想必你更能領會那句諺語：「不用就會失去。」你可以設計自己的試驗。一旦學會如何運用這項非凡的能力，會有更多事物等待你去欣賞。

天聽能力——清楚聽見的能力

天聽能力是「聆聽」方面的內在感知。擁有這項能力會聽見名字、日期、某些話語，以及沒錯，甚至也會聽見歌聲與旋律。有些人的聽是「客觀」的聽，這種聽發生在自己的身體以外。當你開始「主觀」地（從心裡）聽，察覺到的聲音就猶如自己的聲音在說話。

你是否曾經聽見有人叫你的名字，卻發現四周根本沒有人？那可能是你在靈界親人的聲音，也可能是在這個塵世的某個人正在想你。如果你覺得是後者，試試打電話給那個人。最有可能的情況是，他們會告訴你他們剛才正在想你。

關於天聽能力的另一個很好的例子是，你會在你的腦海中聽見有歌曲在播放。並不是你剛在收音機上聽到的歌曲，而是在出乎意料又未經同意的情況下，有首歌就在你的腦袋裡開始播放。暫停一會兒，在心裡記住那首歌。它的歌名是什麼？聆聽歌曲的內容或是試著在網路上找到歌詞。那可能是已經往生的某個親人最喜歡的歌，而這是他們打招呼的方式。最有可能的情況是，有要給你的鼓勵訊息或建議就隱藏在歌詞裡，或是訊息的接收對象其實是某個與你關係親密的人，而他們正需要得到鼓舞或協助。

如果我是在幫電話另一端的某個人進行感應，我會運用我的天聽能力，透過他們的聲音進而與能量融合。聲音是很有效的表達工具，從中能夠捕捉到直覺所傳遞的資訊。

下次，你跟某個人講電話時，可以閉上你的眼睛，真正去聆聽他們在線路另一端的聲音。讓那個人的音調和言語完全進入你的空間，如此一來，你的直覺就會取代你的意識反應，接管一切。你可能會注意到有和你們的對話完全無關的顏色、影像或甚至是感覺出現。

不要只用你的耳朵聽——以你的直覺傾聽。天聽能力就是那些你極常聽到的微小聲音。你知道的，就是那些我們之中有很多人覺得聽從的次數不夠多，稍後卻為此後悔莫及的聲音。

你可以透過位在喉嚨的接收區（喉輪）來運用天聽能力，而擁有天聽能力的人也可以經由將注意力集中在這個部位上來提升自己的「精神聽力」。

自我檢測

思索以下問題。每個「肯定」的答案都是天聽能力存在的有力證明。

- □ 你是否總是在腦海中思考而非會自言自語？
- □ 當某人並未說實話時，你是否能夠分辨得出來？
- □ 是否總有某種尖銳的聲音突然傳進你的耳朵？
- □ 你是否曾聽過你的腦海中播放音樂或特定的某一首歌？
- □ 你是否曾經聽見過其他人的想法？

天聽能力可能會令人產生些許困惑。你怎麼確定這些聲音是你自己的想法還是心靈的思維？畢竟，我們都有在心裡對自己說話的傾向。要開發你的天聽能力，第一階段就是要先**學會如何將心靈資訊與你的日常念頭、心中雜念加以分辨和區別**。為了達到這項目的，你會需要練習來強化你的天聽能力。隨著時間流逝，你透過你的「內心聲音」所接收到的資訊會開始流動，變得更加鮮明清楚。一般而言，**這些資訊應該永遠都帶著最高的善意，也應該會帶給人正面的感覺**。如果你接收到負面的資訊，那麼最可能的情況是，有某種來自你自己心中的干擾。如果發生這種情形，你應該考慮進行自我檢查，看自己是否有情緒或心理方面的問題，需要在繼續接收訊息以前就先加以處理。

對於即將開始進行精神訓練的人，我提供一項非常需要注意的建議，那就是：當你相信自己正在接收心靈資訊時，請往後退一步然後問自己：「這些資訊是『向』我而來還是『來自於』我？」藉由這麼做，你將得以和你的心靈開發保持協調，並且不論何時都能夠維持主觀。

在通靈層次上的天聽能力

我在開始研究天聽能力時，一直以為會聽到從靈界傳來某個洪亮的聲音對我訴說著再清楚不過的話語。**我以為自己會客觀地在我的腦海之外聽見聲音，卻不了解更常出現的情況，其實是在自己的腦海裡主觀地聽到用自己的聲音所傳遞的訊息**。每當我聽見和我的生活完全無關的事情時，我就知道那是靈魂在說話。

就通靈而言，當通靈師在工作時運用罕見的天聽能力，那副景象可能看起來相當特別也令人頗為訝異。通靈師的內在聽覺極其敏銳，接收能力極強，因而他們可能會用言語直接說出靈魂告訴他們的每件事情。聽到通靈師提到名字、綽號、日期、地址、數字等等是一件很常見的事。同樣地，如果靈魂很喜歡某個類型的音樂或某首特別的歌曲，通靈師可以在他們的腦海中聽見音樂在播放。當然，通靈師的心靈可能會對他們所接收到的訊息進行過濾，因此我會努力地就像我所聽見的那樣將資訊給傳遞出去。

在我過去的經歷中有個很棒的故事可以證明這點，當時我正在幫一對夫妻進行通靈，他們不幸失去了他們的兒子。整個過程進行得非常順利，直到我在腦海中一直聽到「拉鍊頭」這幾個字。我詢問那對父母是否了解那代表什麼意思；他們看起來十分困惑，然後說：「不，約翰。我們對那個部分並不了解。」

有時我會透過天眼通的方式接收到頭上有條拉鍊的影像，而根據我的參照資料，我知道那代表了腦瘤。但是這一次，我一直聽到那幾個字而非看到相關的影像。我必須放棄研究這幾個字，因為那名年輕人還有更多的話要說，因此，我請那對父母將提及拉鍊頭的情況記錄下來，以防之後這個詞還代表了其他某種意義。

在這次通靈後不久，我的辦公室接到了一通這對父母打來的電話，告訴我們他們在回家的路上終於恍然大悟——他們兒子的綽號就是拉鍊，而且，他的電腦的登入名字實際上就是拉鍊頭！

如同我先前所說，運用天聽能力時可能會很難將你自己的想法給區分出去，但是隨著練習，你會開始知道什麼時候是靈魂在說話。隨著你的能力進一步提升，你將能夠利用你的精神聽覺，而在生活的許多方面為自己提供協助。如果天聽能力是你的潛力所在，那麼以下有些練習可能會對你有幫助。

練習開啟你在天聽能力方面的精神感知

與其舒服地待在家中你自己的空間裡，我想要你在戶外找個舒適的地方，例如某個公園或者是去海濱。接著，尋找各種年齡的人都會聚在一起的某個地方；找條不錯的長椅，找一棵樹，或某個令人感覺舒服的地方。

- 一旦你安頓好自己，便可閉上眼睛，慢慢吸氣，然後放鬆——可以做幾次長長的深呼吸，讓自己放鬆。現在，盡你的一切努力「不要去看」，而是用你身體的聽覺去「聽」。試著**將注意力集中在遠方的聲音上**。看你是否能夠聽見人車往來、飛機或人們說話的聲音。將你的聽覺盡你所能地向遠處延伸。
- 在這麼做之後，接著嘗試**將你的聽覺往回拉至靠近你的周遭環境**。你是否能夠聽見小孩在玩耍？你是否能夠聽見其他人說話？試著從他們的聲音中判斷他們的年齡差距，是年幼或年老？在這個區域有沒有鳥？同時注意在遠方與近處的所有聲音。
- 現在，在經過這一切以後，請試著傾聽**聲音中間的寂靜**。就是在這些特殊的段落中，經常可以聽見潛藏其中、來自於直覺的訊息。這可能是其中最具挑戰性練習的一種！但是你在做的其實是訓練你身體的聽力，以期達到不同的能力程度，能聽見不同範圍的聲音。我可能用的是「聽」這個字，但其實這一切更與「傾聽」相關，傾聽才能夠接收到印象。舉例來說，當你「聽」歌時，你聽的是那首歌的音樂。不過，當你「傾聽」一首歌曲，你是接收那首歌的一切，從拍子到歌詞，還包括演奏了哪些樂器。聽與傾聽之間有很大的差別，因此，暫停片刻以便完全明瞭並體會其中差異是值得的。這麼一來，你實際上會讓你的天聽感知變得更敏銳，也會更為熟悉那些內心裡的微小聲音。有些人也發現，**在開發天聽能力時，使用耳塞塞住他們的耳朵，以隔絕部分外界的聲音也會有很大的幫助**。藉由減少外界對聽覺的影響，你內在的聽力會得到提升，進而變得更加敏銳。

其他訓練天聽能力的練習

在一天即將結束時很適合做下面這項練習，如此你就能放鬆你那轉個不停的腦袋。

- 找一個舒服、安靜的地點坐下或躺下，深呼吸然後放鬆。就讓今天過去吧，閉上你的眼睛，然後放鬆。
- 花幾分鐘時間想像**有一道美麗的天空藍光**就在你的喉嚨部位（第二百四十頁、二百四十五頁）。想像隨著你吸入的空氣進入該能量中心，這道藍光慢慢往外擴展。就是透過此能量中心鍛鍊天聽能力。
- 提出任何你想要獲得的一些指引或明確答案的問題，但是在你問問題時，記得要讓你的意識停留在這個部位，以及天空藍光之中。如果一開始你沒聽見任何聲音，可別就此放棄；到最後，你有可能會接收到一個字或甚至是一個句子。問自己你接收到的回答是否與你問的問題有關？如果你不明白那個答案的意義，詢問自己：「這個答案對我來說代表了什麼？」可能會有更多的資訊因此開始流動，或也有可能你的內心指引想要堅持它原本所給予的答案。相信你所接收到的訊息，因為你可能在日後才會注意到那其實是最完美的答案。

- 一旦能夠熟練地完成這項練習，就可以在其他時候將這項練習妥善地加以利用。比方說，下次你要去參加某場會議時，花幾分鐘時間將注意力集中在喉嚨部位，然後問：「關於這場會議我需要知道些什麼？」你可能會接收到一句建議、一首歌曲，或甚至是不知怎麼地似乎以自己的方式在對你訴說的一個記號。而這可能會影響到你的反應，並有助於在該場會議得出一個更好的結論。
- 請記得：**你的天使、指導靈與靈魂幫助者也都等著要助你一臂之力**。你唯一得做的就是提出問題，然後傾聽他們的指引。用你的日誌記錄下你接收到的一切訊息，而且別忘了**加註日期**，因為有可能你所接收到的資訊起初並不具意義，不過一段時間後這些資訊的涵義便得以明朗。

我的許多學生都渴望擁有天聽能力；如果你還在開發自己的能力，請直接發掘自己的長處，三種心靈能力的任何一種（或是三種能力結合）都將對你進行通靈有幫助。在開發你的精神能力時，要學習如何遊戲並享受樂趣。我無法教導你怎麼做才能具有通靈能力——因為你「已擁有這項特質」——但是我可以幫助你記起你的能力。

順從——持續一週的心靈能力挑戰

我先前曾經提過擁有心靈能力是我們存在的方式。找時間進行活動以促進你的精神成長與心靈開發並不代表自私；這麼做可能會對你的**整體健康與精神活力**產生很大的影響。花**時間重視你的靈魂需求**，將使你能夠培養自己，拓展你的靈性的範圍。因此，我鼓勵大家去做一些並不尋常的事情，只要一個星期就好。換句話說：就是去做你通常不做的事情。

在測試的這個禮拜，完全順從並相信你的直覺性心靈能力。

- 如果你「感覺」自己一直想要和某位同事吃午餐，但卻從未朝這個方向努力過，那麼這個禮拜就是你提出邀請的時候。
- 如果你「感覺」想要打電話給某個你很久沒說過話的親戚——那就去打吧。
- 如果在你下班回家的路上，有一條路你一直想要把車開進去看看卻從未這麼做過，那就把車開進去那條路吧！

- 是否有一本書你一直都想要看，或你受到了某本書的吸引，儘管那本書的主題或故事情節其實並不在你通常會有興趣的範疇裡？去把那本書買下來吧。
- 如果你持續受到某堂課或某個工作坊的吸引，那麼請至少打聽它的相關資訊。

你知道我努力想表達的是什麼。**我想要你相信並遵循你的直覺，同時運用你全部的精神感知。**在持續這麼做一個禮拜後，別忘了將遵循你的內在指引後所得到的任何新發現或新啟示都記錄到日誌裡。

有時當你按照你的靈魂敦促行事，其他機會可能很容易就會隨之到來。這項令人驚奇的練習將使你領悟到：直覺或心靈資訊的流動是如何穿過你的軀體並作用在你身上。**讓你在生活中能以直覺作為依憑而少做分析**，這正是我在本章努力的方向。就請大家放手一試！

隨著你學會重新喚醒和開發你特有的心靈能力，不論那是超覺知力、天眼通能力或天聽能力，請記得要腳踏實地並且維持平衡。當這些能力獲得適當的開發，它們能夠在你生活的各個方面都提供很大的幫助，包括培養你的靈性。最重要的是，這應該是一次很棒的體驗和旅程，幫助你得以發掘並提升你的精神感知。

展示直覺帶來的能力！你運用這些能力的次數愈多，它們就會變得愈強大。

接觸感應——心靈的碰觸

在我接受培訓的那段期間，全程都不斷有人提到「接觸感應」一詞（不論在美國或在英國都是如此）。它很快也成為我教學內容的一部分，而我更建議我所有的學生都利用這項很棒的訓練工具來進行研究與試驗。

接觸感應就是「以心靈進行量測」的意思。在你強化自己的精神感知時，接觸感應是你可以利用的一項很有用也很有趣的工具。這項小技巧能帶來一些很棒的好處，藉由使你的意識沉默或安靜下來以進入精神層次，有助於你超越你的五種肉體感知進行靈性的溝通。在你進行接觸感應的練習時，你會用到一種以上的心靈力量，不論是超覺知力、天眼通能力或天聽能力都有可能。

接觸感應，就是在進行通靈感應的過程中握著某人的私人所有物，然後「感應」那樣物品。從更廣泛的角度來說，也就是運用你的心靈能力來「感知」或體驗某個物體或物品的性質和歷史——猶如你以某種方式透過碰觸去「感覺」、去「看」或「傾聽」，並因此而接收到印象。僅經由碰觸某樣物品就探究到關於某人或某事的資訊，的確是有可能的；萬事萬物都是由能量所構成，散發著自己的氣場，那可以是你最喜歡的戒指、一件手錶、你穿在身上的襯衫，或甚至是你很愛坐在上頭的那把舊椅子。

當學生們第一次嘗試這項技巧，觀看並聽見從他們所握著的物品上接收到哪些資訊，會使人大感驚奇。當我要他們告訴我他們接收到的資訊時，我在聽的是他們的用字，看他們是否會說：「我『看到』這個，我『感覺到』那個，或是我『聽到』……」我是在釐清他們所運用的是哪種能力。有時他們可能只用到一種能力，不過更常出現的情況是三種能力全都發揮了作用。

我有個朋友會在每次拿到新合約時用到這項技巧。當她從某人手上拿到名片，那張名片上很可能會有那個主人的能量，她可以從那些能量當中獲得印象。她會停下來握著那張卡片，調整自己的頻率，然後問自己有什麼感覺——正面，還是負面——而這有助於她做出正確的商業決定。

在下次你拿起某樣東西時，不防自己嘗試看看。想著你所握著的物品，問自己那樣物品給你的感覺是正面或負面。例如，你是否曾經跟某人借過襯衫或毛衣，而那件襯衫或毛衣讓你有不一樣的感覺？實際發生的情況是，你感應到了那個人的情緒及其本質。**根據我過去的經驗，在此提供一項有用的建議：金屬物品似乎感應的效果比較好**。在手錶、項鍊、戒指和鑰匙上似乎比較能維持住主人的能量，物品被主人所穿戴或持有的時間也是愈久愈好。

我也曾用花朵進行過感應。藉由握住其他人曾握在手中的某朵花，你可以感覺到在兩個生物之間傳遞的那股能量。我是在英國的亞瑟•芬德利神祕學院就學期間，在他人的介紹下第一次接觸到將超覺知力應用於感應花朵。所有的花都被插在同一個花瓶裡，而課堂上沒有一個人知道是誰帶來了哪朵花。花朵有各種不同的形狀、體積與顏色，接著我們各選擇一朵對我們來說最具吸引力的花。藉由手握著那朵花，我們利用接觸感應，幫帶那朵花來的人進行感應，進而建立起強烈的連結——通常也會與在靈界的某個人建立起連結。那種情形，就彷彿手握美麗的玫瑰是開啟進入另一個世界那扇門的方式。

接觸感應可以為通靈奠定很好的基礎，如果你想要開發自己的能力，我強烈推薦這項技巧。

接觸感應的練習

在開始進行這項練習前，一定要先做過本書先前提過的練習。現在你應該已經開發出一種以上的心靈能力，不論是超覺知力、天眼通能力或天聽能力都可以。

這項簡單的練習首先要握住屬於另外一個人的某樣東西，而且這樣東西對他們來說要具有特別的意義。你需要努力讓自己不去想那樣東西，這麼一來你才能維持完全的客觀（因為這個理由，**對於你握著的物品所隸屬的那個人，你不要非常熟識會比較好**）。

在你握著物品時，將注意力集中在與你所使用的心靈能力相關的對應脈輪上。將你的意識放在合適的脈輪上能夠強化你的精神力量（超覺知力＝太陽神經叢；天眼通能力＝第三隻眼；天聽能力＝喉嚨）。

你不需要緊抓住手中的物品；只要用你慣用的那隻手輕輕握住它就好。當影像與感覺開始形成時，請在你的手裡不斷轉動那樣物品。如果可以，將出現在你心裡的頭幾件事情記錄下來，不過，**「不要」進行分析或是讓你的意識有機會否定你正在接收的訊息。**

在你握著物品的同時，把問題在你的心裡提出來，例如——

- 這個人結婚了嗎？
- 他們有沒有小孩？
- 他們快樂嗎？
- 他們做的是什麼工作？

- 這個人是否應付得了我即將交給他們的工作？
- 現在我要提供什麼建議才能對他們有所幫助？

問題的清單永無止境。將你接收到的訊息與物品的主人分享，不論是感覺、文字、影像或記號都可以。你可能會為你所接收到的資訊如何轉化為事實而感到驚奇。

一旦你能夠熟練運用接觸感應，加上你又具有通靈的潛能，你就可以利用這項有用的工具來建立起與彼岸之間的聯繫。這幾乎就像是透過發揮你的精神力量搭配接觸感應，你調高了自己的頻率，進而聯繫上靈界和那些靈性的存在。隨著時間與練習，你會明瞭也有能力輕易辨別：你透過心靈力量與透過通靈所接收到的訊息間，兩者有何區別。請務必記得，這兩者是不一樣的。

只是再次提醒：靈媒「感知」資訊的途徑是人們的氣場，或他們所握著的屬於他們幫忙進行感應的那個人的物品，而通靈師則是從靈界「接收」資訊。

因此，如果某人給了你某樣物品，它過去的主人是如今已經往生的某個親人，而你感覺自己即將聯繫上某個靈魂，在你繼續下去之前，試著將那個連結放下，建議你這麼做的原因是為了確保你「並非」在進行心靈的連結——如果有人不明白靈魂溝通的運作方式，他們可能會以為所接收到的資訊是來自於靈魂，而事實上他們捕捉到的卻是那樣物品所散發的氣場。相對的，如果在放下那樣物品以後，你仍舊接收到了靈魂所提供的證據與確認資訊，那麼你就會知道自己是在進行通靈層次而非心靈層次的感應。

享受你的練習，並記得不要擋在自己的路上，還有不要過度分析你接收到的每項訊息。再次提醒，要將一切都記錄下來！

第九章

人類的氣場

每個人都具有自己獨特的氣場！人類的氣場環繞在肉體的周遭，朝著各個方向發散。氣場的能量會不停流動，根據我們的心情產生變化，也會隨著我們的情緒、心理與身體狀態而有所調整。

我走上台，看向台下眾多觀眾們期盼的臉龐，他們都急切地想聽我準備說些什麼或告知神靈傳送來什麼訊息。他們渴望地坐在那裡等我開始進行演說，希望自己會有幸得到來自於他們親人的訊息。

我經常納悶，人們是否會對通靈師在走出去面對等待觀眾那一刻所經歷的一切，或那是如何進行的感到好奇？我確定每位主角都有自己的儀式和慣例，當然，我也有。

在我上台進行公開演示或進行私人的一對一感應之前，我會澄清自己的心靈，不讓自己成為阻礙。一旦完成了這些步驟，我的氣場會變得開放，而我也會放開自己，準備好接收來自神靈的訊息。由於從事這項工作至今的時間已經夠久，因此，不需要利用任何特殊或特定的技巧來打開氣場，只要想到靈界並伴隨著虔誠祈禱，我就能非常自然地達成這項條件。我只是將自己的想法投射出來——就像一束光線一樣——射向靈界，讓他們知道：我已經準備好要進行通靈，為他們及他們在這個塵世的親人提供幫助。

大多數人可能並不明白，他們即將得到的訊息並非來自於我，只是透過我加以傳遞。當我進行開場說明時，我會開始「感覺到」靈人逐漸向我靠近，而我的氣場也會開始標示出他們的存在。接著，適當的脈輪便會啟動並做出回應，使得我的超覺知力、天眼通能力或天聽能力能夠辨別神靈所傳送的訊息。一旦進入這個階段，就代表陰陽兩界之間的橋樑已經搭建完成，團聚的時刻已然到來！

透過氣場與脈輪開發通靈潛能

要開發精神或通靈潛能，你的氣場與脈輪扮演著關鍵的角色。接下來便要跟大家介紹氣場（本章）與脈輪（下一章），以及它們能如何幫助我們成就更加重要的精神自我。

氣場與脈輪之間是合作關係。氣場會接收精神與心靈能量，而脈輪就是透過這種方式得到滋養。你的心靈力量、氣場與脈輪都是整個機制的一部分，這個機制的作用在於提升你天生的心靈能力、開發你的通靈潛能，進而使你得以和靈界建立聯繫。

在此值得重申的是，**雖然本書第三部分的寫作目的在於協助開發你的精神能力，但即使是那些選擇不成為靈媒或通靈師的人也能因此而受益。**這能讓你對自己的內在自我有更深的了解，對於你的精神生活和物質生活都會有所助益。

什麼是氣場？

隨著我們經歷人生，我們和我們在這個物質界所接觸到的每一個人，以及在彼岸的那些人，都不斷地在供給、接收並同時感知能量。你是否曾經初次遇見某人，結果就有大量的影像與感覺突然湧入心裡？就是在像這樣的時刻，你會立刻知道自己是否會喜歡這個人——那種感覺通常都非常強烈。同樣地，在你的心裡也可能出現他們的生活影像，或是你可能感覺到他們是以什麼職業維生，甚至還可能接收到他們是已婚或單身，以及其他更多更多的訊息。在那一瞬間，在「初次」引介的那段期間，隨著你的心靈開始解讀與詮釋你所接收到的一切，你會得知各種完整的資訊。其實，在這一刻所發生的情況是：**你實際上是在理解與解釋他們的「氣場」**。

以下是另一種情景。你是否曾經體驗過「感覺到」已經過世的親人的存在，或是對他們的思念突然出現在你心裡？儘管他們身在精神世界，他們的精神體也有氣場，就是他們的氣場與你的氣場建立起了充滿愛的連結。

我們都看過描繪聖人與天使的宗教畫，通常在他們的頭部周遭都畫有金色的光環，這些影像正是代表氣場的靈光。不過，你不必是聖人或天使才能擁有氣場——**我們每個人都具有自己獨特的氣場**，多年來，人們對於氣場有一些不同的描述方式，但如果要盡可能簡單地加以說明，**氣場就是環繞在「所有」物質周遭的能量場**。

人類的氣場環繞在肉體的周遭，朝著各個方向發散，氣場通常呈現橢圓形，並以磁場的形式顯現。氣場的能量會不停流動，根據我們的心情產生變化，也會隨著我們的情緒、心理與身體狀態而有所調整。即便是**我們的個人經歷，也會被記錄留存在我們的氣場中**，例如我們的回憶、想法、目標與身體的病痛，還有真實的自我——從沒有任何醫療記錄能夠含括這麼多的資訊。

氣場分許多層，唯有具有天眼通能力的人在接受過訓練後才能親眼看到每一層。**以太層最靠近身體，接下來是星光層、心智層，以及最後的靈性層**（詳見第五十四頁）。你的精神敏感度愈高，你就愈能看到並感覺到人類能量場內的各個層次。事實是，我們「都」感覺得到——不論是人抑或場所的氣場。不過，我們之中**只有極少數人明瞭發生了什麼情況**。

以下情景都是體驗到氣場的例子——

- 在銀行或郵局排隊期間，在轉身以前就「知道」有人站到了你的身後。
- 感覺到有人從房間的另一頭注視著你。
- 感覺自然而然地受到某些顏色所吸引。
- 注意到自己在某些房間裡會感覺很自在或是有不適感。
- 在某些人身邊時會感到很舒服，而其他人則會讓你感覺筋疲力盡。
- 感覺到已經往生的親人的存在，而他們就站在你的身邊。

我認為我們的史前祖先，比如原始人，是仰賴他們的氣場來感覺、感受與偵測即將到來的危險。畢竟，不論引起警戒的是朋友還是敵人，由於當時沒有其他偵查系統，因此他們必須倚賴自身的感知與能力來做相關判斷。只是，隨著時間流逝，我們在某種程度上逐漸失去了這項原始的感知能力。但是不要緊，我們可以學習如何**重新喚醒並再次運用這項能力**。

氣場的色彩濃度與亮度可能揭露一個人的健康狀況，以及他們的心理與情緒狀態。每個氣場都是獨一無二的，會依據自身的不同頻率在振動。

靠著練習，你可能得以提升氣場的振動頻率，如此一來，你就能夠將你的氣場向外擴展，或是往內縮讓它更靠近你。如果你的氣場向外開放，而你正以和另外某人或某物，甚至是某個實體場所相同的頻率在振動，那通常就是你會感覺到「連結」的時刻。同樣地，當其他人並未與你產生共鳴，通常是因為他們是以不同的頻率振動。你可能因此而感覺到某種「隔離感」——我喜歡稱之為「氣場碰撞」。當然，有時你會耗費比較長的時間才能與另外某個人的能量交融，之後你們兩人才會對彼此的相處感到自在。

現在，讓我們前進到親身目睹和感覺氣場的階段。具有天眼通能力的人看得到氣場，而有天聽能力的人會聽到從氣場所散發出來的某些話語，至於擁有超覺知力的人則可以感覺或感知到氣場。**不論你在哪方面的靈感最強，每一個人都可以找到各自了解和理解氣場的最好方式。**

開發氣場視覺

我相信，有些人會受到光的吸引，而有些人則是會散發光芒。我有一次很棒的體驗可以證明這點，那時，我是在美國紐約州萊茵貝克（Rhinebeck）的歐米茄靈修學院（Omega Institute）進行演示。

我才剛站上台，正要對一群急切等待的觀眾進行通靈演示。在演示的一開始，我一如以往地先說明我幫靈魂傳遞訊息的方式。我向觀眾們解釋整個振動加速的過程，說明我會提高我的振動頻率，而靈魂則是降低他們的頻率直到我們彼此交融。我根本還沒說明完這個微妙的過程，就突然感覺到在觀眾中有某位女性非常吸引我，我的眼神無法從她身上離開！

在此，我需要強調的是：當我傳遞訊息時，我真的完全不知道自己會受到哪個人的吸引、與觀眾之間會有什麼樣的關聯，或是訊息本身會是什麼性質。不過，這位女性看似在發光一樣，彷彿由內而外散發著光芒。這副景象很不尋常，我因此意識到自己正在目睹某種非常獨特的情況。我看到從她的整個周遭散發出明亮而耀眼的光芒，以至於在她身邊的其他觀眾似乎都在逐漸消失。她的氣場真是豔照四方，至今我從未見過有其他人散發出如此美麗的光輝！

原來，她的名字叫伊莉莎白，我也很快地便確定她的先生在幾年前就已離開人世。他是個溫柔的靈魂，在那晚他給她的美麗訊息中，他對她深刻的愛顯而易見。當她坐在那裡，一邊微笑一邊點頭確認他提供的所有資訊，訊息就在現場毫不費力地順暢流動著。

那個週末，伊莉莎白參加了我當教授的那個工作坊，希望能得到來自她先生的消息。

嗯，她確實得償所願了。我知道他就站在她身邊，他的能量和愛以某種方式強化了她氣場的光芒。當天稍晚，坐在伊莉莎白附近的其他人表示他們曾體會到某種刺痛感。他們顯然是與她的氣場有所交融，因而感受到這位可愛女性的心靈和她先生的愛意所散發出的能量。

在我的工作坊中，最受歡迎的單元之一就是如何看到氣場。我並不想誤導大家，讓大家以為自己會理所當然地有天醒來就能夠看到這些能量場；同樣地，你也無法只是看完一本書就突然可以看到氣場。然而，一旦你明白用肉眼不一定可以看到氣場，而是要用你**內在的心靈之眼**來看，那麼對於如何看到環繞在所有人事物周遭的氣場的光芒，你就會有更深入的理解。我發現**想像你自己是某種光與能量的存在會很有幫助——實際上這就是你的模樣！**

練習：看見氣場的光芒

為了增加你看見氣場的可能性，我建議你應該為這項練習找**一間光線昏暗的房間**，盡可能少一些直射的陽光。你或許可以利用你周遭的特殊空間，前提是空間中的明暗是可調整的。你也會需要**一面空白的牆壁**，讓志願者可以站在牆壁前面，這面牆若是中性的顏色會比較好，上頭不要有任何圖畫或裝飾。在觀看某人的氣場時，最好**讓你的志願者穿著淡色、淺色的衣服**。我知道這聽來像是有一大堆條件，但是這樣正確布置場地是值得的，如此才能使這一切發揮適當的作用。

- 一開始先閉上你的眼睛，做幾次深呼吸。

- 一旦放鬆下來，就讓你的意識往上移動到第三隻眼的位置（第二百四十頁、二百四十六頁）。我認為氣場是為你的第三隻眼所設置的某種「螢幕」，隨著練習，你將得以強化你的視力，使自己隨時都能夠看到氣場。
- 在你張開你的肉眼時，把你的意識停留在眉毛之間的那個位置（但這並不代表你應該把你的眼睛翻到後腦勺去）。在這個步驟上，你可以慢慢來。
- 當你感覺自己已經做好準備，請你的朋友坐到或是站到那面空白的牆壁前面，然後讓自己站在距離夠遠、可以看到他們的整個身體的地方。
- 請記得你是在用心靈之眼觀察他們，請讓你的意識停留在你眉毛之間的位置。剛開始先注視你朋友的頭部和肩膀邊上的空間，這會讓你的視線像是越過了他們一樣，他們應該就**只在你的視線周邊**——不要努力把你的視線集中在他們身上。
- 隨著你繼續注視你朋友**旁邊**的空間，讓你的眼睛放鬆。現在，利用你的呼吸，繼續讓你的意識停留在你第三隻眼脈輪的位置，接著請你的朋友開始緩慢地前後搖動。此時你應該會開始注意到，在他們的頭部與肩膀部位四周有淡藍色的光輝形成，這些光輝應該會映出他們搖動的動作。這些淺色的光芒是大多數人會看到的第一樣東西。當你變得更敏感，受過更多的訓練，你可能會開始看到各種不同的顏色。
- 嘗試觀察氣場是否在某個區域的範圍大過另一個區域，或在氣場的周邊是否有少許不同的顏色。從氣場中可以看到和感覺到許多心靈印象，因此，此時重要的是：要讓所有直覺性資訊自由流轉。

- 在這項練習的最後，請先閉上眼睛，吸一口氣，然後讓你的意識往下回到肉眼的部位。接著，再花點時間放鬆和呼吸。如果你想要的話，也可以嘗試交換位置，換你的朋友來觀察你的氣場。
- 在你結束練習時，試著將這一切經驗記錄到你的日誌裡。如果你覺得同時說話沒問題的話，可以試著告訴你的朋友你看到了些什麼，這樣他們也可以和你分享他們的體驗作為回饋。

我必須在此重申，你不會有天醒來就立即能看到氣場。若你沒有馬上看到任何東西，沒關係——你還在學習看東西的新方式，不用著急，也別就此放棄，就連我剛開始時，也花了些時間才搞清楚應該怎麼做。繼續進行這項練習，一旦你看到你的第一個氣場，你就會突然開始一直都看得到它們，同時也會愈來愈不費力就能做到這點。到最後，你將得以拓展你的氣場視覺，進而看到更多層次，而你所看到的彩度也會隨之增強，變得更加鮮明清晰。

另外，**別將你的練習局限在人的身上**。當你出門在外，嘗試觀察植物與樹木的氣場。我記得在某個特別晴朗的日子，我第一次看到了某棵松樹的氣場，後方映襯著深藍色的天空。我在那裡站了好幾分鐘，完全看呆了！這幕景象成為我從未忘懷的一次視覺回憶。

感知氣場的存在

即使你在一開始無法看到氣場，但是**氣場真的確實存在**！

可能是你具有比較強大的超覺知力，因此相較於用看的，你更具備感知氣場的能力。

你可能見過治療師修復某人的氣場，他們的手在患者身體上方移動，平復、治療那個人的能量場，使其恢復平衡。足見**雙手是很棒的能量接收器**，而藉由這種方式得以獲得心靈方面深入的了解與印象。

如同我先前所說明的，氣場的延伸範圍遠遠超出你的肉體，因此，現在你會開始注意到，在哪些時候當你接近某個地方或場合時，你會感覺不對勁。你會變得更能察覺何時在某場社交或商業聚會中自己深受某人吸引，或同樣地，何時你覺得必須讓自己疏遠某個人。

如果你發現自己身處這些情況，請停下來觀察自己有何感覺、有察覺到什麼，甚至是感知到了哪些顏色。透過這種方式，你是在讓你的內在指引有機會提供你一些心靈方面的深刻見解；對於如何面對那種情況，這些見解可能會相當有幫助。

你可以**學習如何「擴展」自己的氣場**，有許多原因都會讓你想要這麼做，包括你即將進行精神感應、你要去聽演奏會而你想要能夠感覺和感受到音樂的豐富性，或甚至是你正出門在外，你只是想要提升整個享受大自然的體驗。我們全都是由能量所構成，因此你可以將你的氣場與另一個人、靈魂、一株植物或甚至是你所信賴的寵物相融合。

此外，亟需明白和記住的是，如果你想要對於自己所處的實體環境或所散發的精神和通靈能量不再那麼敏感，你也可以**學習「收縮（收斂）」你的氣場**。透過這種方式，你是在致力於掌控自己的能力，而不是被這些能力所掌控。你可以藉由一些方式收回你的氣場，幫它補充能量，然後再將你的氣場擴展出去，這些方式包括利用呼吸的力量、冥想，以及僅是運用想像力與思維能力來為你的氣場增添色彩。**自己的氣場自己能掌控，明瞭這點會帶來無限好處與益處。**接下來的兩項練習中，將學習「感知」環繞在人體四周的氣場、能量。

練習：感知能量

- 一如以往，先讓自己處於舒適的狀態；你可以坐下或以舒服的姿勢站著。深深吸一口氣，清靜你的思緒，吐氣，然後放鬆。再做一次吸氣和吐氣。
- 現在將你的手掌合在一起快速摩擦約二十到三十秒。這會讓你的手更加敏感，更有利於接收能量。
- 將你的手掌稍微置於你的前方（約三十公分遠），掌心對著掌心。慢慢地讓你的手掌相合，再次將兩掌分開，然後再回復原本相合的情況。**別讓兩隻手掌碰到彼此。**每次你將兩掌分開時，維持兩掌間距離約三十公分。
- 你應該會開始注意到，在你的兩手之間有輕微的壓力產生（就像兩個磁鐵相斥那般），你也可能會感受到溫度有輕微的改變或有某種刺痛感——這些都相當正常。你甚至可以創造出所謂的「能量球」，那不過就是在你的兩手之間積聚而成的球形能量體罷了。其他靠近你的人可能也會感覺到這些能量，如果他們將他們的手掌置於你的兩掌間緩慢移動，他們的感覺會特別清楚。

這是項很棒的練習！這項練習將有助於你感受自己的能量場。經過持續的練習，你的手會變成功能強大的接收器，能夠感受到那些隱約的振動。一如以往，我鼓勵大家將自己的經驗與觀察結果都記錄到日誌裡。

練習：感知氣場

這項練習是將你在先前練習中所學到的一切做進一步發揮。我會向大家介紹如何感知某個人的氣場，並且從中獲得一些心靈方面的感覺與印象。這項練習需要兩個人合作，因此你會再次需要值得信賴的朋友，以及一張舒適的低背椅。

- 決定你們兩人之中誰要當「接受感應者」，又由誰來擔任「感知者」。接著讓接受感應者坐下來，兩隻腳平放在地上，兩隻手則掌心向上置於大腿上。一旦就好適當的位置，好好地做一次深呼吸然後放鬆。
- 感知者請站在椅子後方，姿勢挺直卻也放鬆。慢慢地再做一次深呼吸。現在，感知者應該如同前項練習中所做的一樣，雙手合十，然後摩擦約十五秒。
- 現在，接受感應者請開始回想生命當中的某個不愉快的情況。接受感應者應該要知道他無須將那些想法保留太久，那都只是回憶而已。
- 感知者請將自己的手掌置於接受感應者的頭部約二十五公分遠的地方，然後繞著那塊區域在「不碰到」的情況下「慢慢」移動他們的手。接著，感知者的雙手應該往下移動到接受感應者的肩膀區域。感知者要緩慢地將手掌往外移，然後再移動回原位，重要的是要**全神貫注**。如此一來，如果你是感知者，你就會注意到氣場是以哪裡為起點，又向外延伸得有多遠。

- 這時感知者要開始**注意手中的感覺**。看是否能夠「感覺到」接受感應者的氣場是已經向外擴展，還是仍緊縮在他們的周遭。你能否注意到任何溫度方面的變化，而如果溫度有變，你是從哪些地方注意到這種改變的？是否有任何你可以感知或感覺到的顏色？用心記住每件事，如此你才可以在之後說明這一切。
- 現在，感知者應該讓自己的手停留在某個位置（**停在接受感應者的頭部上方約十公分高的地方比較好**）。閉上眼睛，將注意力集中在第三隻眼所在的部位（第二百四十頁、二百四十六頁），看是否能夠用天眼通能力看到接受感應者正在傳遞的訊息。是否看到了任何影像、記號或顏色？要記住所接收到的一切。
- 現在，接受感應者可以「放開」那些不愉快的想法（那些過往回憶），同時用治癒性的白光將它們環繞，而感知者則應該將他們的手揮向地面，**注意避開他們自己和接受感應的友人**；能量會被大地吸收和淨化。此時，先別描述你接收到的資訊。
- 現在，到了改變方向的時候。這次，接受感應者應該回憶他們生命中最快樂的某一天，然後重複如前述的過程。感知者再次將他們的手掌相合進行摩擦，並且開始感知在接受感應者頭部與肩膀部位周遭的氣場。注意其中是否有任何變化：這次氣場是呈現收縮或擴展狀態？溫度是否有所不同？顏色是否有改變？在那種刺痛的感覺下，感知者的手是否感覺更加敏感？現在，讓手再次停留在某個位置，看感知者是否能夠感知到接受感應者最快樂的一天的任何印象。最後，甩掉你手上的能量，與接受感應的友人分享你所捕捉到的所有資訊。

在開發你的精神敏感度時，回饋是非常必要的，這才能確定你是否進行順利。我建議你透過交換角色來進行試驗，讓接受感應的友人有機會依據自己的意願來感知和了解氣場。請記得每個人都具有不同的氣場，而這是一個很棒的鍛鍊方式，不僅能夠增加你的精神敏感度，也可以提升你的信心，在甚至看不到氣場的情況下去感知與理解氣場。

練習：在接受通靈訓練時氣場的作用

一旦你能夠熟練地感知自己與其他人的氣場，而且你覺得自己已經準備好利用自己的氣場與靈界建立聯繫，那麼在開始探索那個世界時，這項練習會十分有幫助。

你會需要一個接受感應的對象，**最好這個人有什麼親人你並不熟悉**。將兩張椅子面對面擺放，在你開始以前，先讓接受感應的對象感覺舒適自在。向他們說明你再來要做的是理解他們的氣場，並試著與他們失去的某個人的靈魂進行連結與交融。

我很鼓勵大家在練習時將你的印象記錄下來（記筆記有一項額外的作用，**那就是：經常這麼做有助於讓你的接受感應者感覺不會那麼緊張，原因主要是你沒在盯著他們看**）。

- 一開始先帶進宇宙的白光，讓白光射進你的內心部位。不用著急，只要將白光注入你的內心，讓這道美麗的光芒充滿心中，然後讓它逐漸擴充到整個人身上，猶如你整個存在都被照亮一般。想像這些光芒逐漸向外擴散，超越了你身體的範圍，將在你面前的人也包納了進去，幾乎就像你們兩人一起身處在某種看不見的某顆泡泡裡一樣。利用你的氣場來建立聯繫，這個階段的目的就是，**與在你面前那個人的氣場進行交融**。靈媒便是以這種方式進行他們的工作，提供來找他們進行感應的人某種幫助，滿足他們最迫切的需求。放開你的內心去「看」、去「感覺」或去「聽」**（取決於你所具有的心靈力量）**，看從他們的氣場中你是否有接收到任何印象。那可能是某種顏色、某個影像、某個場景、某個字，或是在他們的生命中所發生的某個情況。將你接收到的一切資訊都記錄下來。

- 我發現以下作法會相當有幫助：**讓你的視線越過他們其中一邊的肩膀，這樣他們的氣場就會轉變成螢幕**。接受感應的對象不應該試圖傳送任何資訊給你；是你要負責理解他們。放開自己，繼續記錄你所接收到的一切。一如以往，不要過度分析你所得到的資訊。
- 現在讓我們再進一步。別將你的意識集中在你面前的那個人身上，而是運用你的心靈將你的意識投向或許和接受感應對象有關係的靈人，試著與他們建立聯繫。向靈界與你的指導靈確定你的目的，就是你想要某個人到來並且提供協助——而且是接受感應的對象知道也能夠證實身分的某個人。不用著急。你可能會開始感覺到、看到或是聽到某個靈魂的到來。**通靈不必過於戲劇性**——你可能會接收到某項隱約的訊息；剛開始你或許只能感知到那個靈魂的性別。如果你建立了穩定的連結，感覺到了聯繫的存在，那麼你就可以問那個靈魂他們的年紀是老是少，接著嘗試確定他們是如何離開人世的。你可能感覺到自己的身體出現了某種感覺。**不論你體驗到的是什麼，向接受感應的對象確切轉達所有的資訊，不要加上你自己的詮釋。**就直接表達出你所接收到的一切即可，試著不要加以質疑，然後請接受感應的對象來驗證和認可這些資訊。這是證實靈魂身分的整個確認過程的一部分。

記得要**將你的意識集中在靈界而非接受感應的對象身上**。請靈魂緩緩靠近，與你進行更進一步的交融。要記得**這並不是附身——而只是連結與交融**，在此同時靈魂是以他們的氣場遮蓋住你自身的靈性體。

此外，不論你是在幫單一一人進行感應，或是面對著一群觀眾，以下都是很有用的提示：試著記得也要**將些許意識放在與你的獨特能力對應的特定脈輪上**。我發現這有助於接收到（很像是某種無線信號）靈界所傳送的資訊。不過別擔心；如同我先前所說，在進行通靈時，對於你的三種心靈能力，靈人很可能會試著全都加以利用。當然，你最強大的能力永遠會具有較為突顯的作用。

如果你是位才剛開始跨界，還在了解整個作用機制的人，我建議你在進行這項練習時**一次只要嘗試個幾分鐘**，直到你變得更為熟悉整個過程與隨之而來的感覺後，再做長時間的接觸。最重要的是，在靈魂往回退時，要為他們的到來表示**感謝**，而在此同時你也要**慢慢收**

回自己的能量（氣場），如此你的能量才會完全回到你和你的肉體上。此外，也永遠要記得關閉你的脈輪系統（我會在下一章中分享某種練習〔第二百五十一頁〕，以說明如何做到這點），直到連結已經中斷，而你也徹底回歸這個塵世。

假使你確實具備潛能，你會慢慢變得更能熟練運用你的通靈能力。如果你感覺自己並未從靈界接收到任何訊息，那麼這可能代表你仍需要提高自己的敏感度，而後你才會具備對於靈性領域的接受能力。**我寧願大家慢慢來，取得堅實的精神基礎與訓練後再繼續探索自身的通靈能力。**像我，我花了好幾年時間進行通靈後，彼岸之人才開始現身！一旦他們開始讓我感知到他們的存在，我又花了兩年時間接受培訓與研究這項工作的複雜機制。

你無法匆促或強行開發自己的精神能力，原因是如果你試著這麼做，反而可能會阻礙到你的自然成長，並且在身體、情緒與心理上對自己造成影響。我總是說：「要有耐心，我的朋友。要有耐心。」

提升與淨化你的氣場

強大、平衡且乾淨的氣場對每個人來說都是必要的，不論就肉體或心靈層次而言都是如此。對你來說，重要的是要盡你所能地去學習並理解與這項特殊的能量來源有關的一切。你應該有意識地致力於讓自己擁有一個強大的氣場。

我們不斷在受到外界影響的轟炸。可能影響氣場的因素包括你的心靈與身體狀態，以及你的情緒、你周遭的人和你當前的環境。如果你的氣場變得虛弱，你可能最後會感覺很疲倦、筋疲力盡，或出現最嚴重的情況——無力做選擇或做決定。如果這種狀況持續下去，身體上的症狀將變得顯而易見，不僅可能出現健康問題，在心理與情緒方面也可能會失衡。如果發生這些情況，一如以往，請向你的醫師尋求建議。

你的氣場是很棒的早期檢測系統，會在問題剛出現時便提醒你注意，這麼一來你就有時間加以處理。**氣場如果健康強大，會發揮防護盾的作用**。可以透過一些不同方法來強化你的氣場，無須耗費許多功夫，就能夠幫助你保持健康，增強你的心靈與通靈能力，保護你的安全，並且幫助你「只」吸引到對你來說最有助益的一切。

許多治療師與通靈師，包括我自己在內，都會**利用喜馬拉雅山的岩鹽進行鹽浴，透過這種方式來淨化自己的氣場**。你可以想想，我們源自於海洋，而我們之中有許多人一輩子都不斷受到海洋的吸引。我們常會發現自己永遠在尋找距離自己最近的海洋。你有多常在海邊待了一天後，返家時感覺完全放鬆且精神煥發？原因不僅在於陽光或那些澎湃浪潮的聲音，還包括來自於海洋的鹽和空氣，這些鹽和空氣會將你的氣場離子化，使得你的氣場獲得淨化與提升。你會因而得以重新振作，彷彿你的問題都被消除了一般。難怪浴鹽會如此風行！

更不用說**規律的身體運動**，以及**到戶外享受陽光、呼吸新鮮空氣**——富含氧氣與普拉那——有助於強化你的氣場，並使其恢復活力。如果你是在有空調、使用人工光源的辦公室裡工作，務必要想方設法在午餐時間外出散步一會兒，即使只有十分鐘也可以。

除了大自然所提供的一切，我強烈主張每個人都應該再搭配不同的治療方法以作為補充之用，例如按摩、靈氣治療、治療性觸摸、極性療法、芳香療法及針灸等，這些**自然療法**

的任何一種都會大幅增強並補足你的能量場。一如以往，你應該找出對你來說最有效果，感覺也最好的方法。

要讓你的氣場保持平衡，**飲食與健康的生活方式具有相當大的作用**；如同我不斷在宣揚的，做任何事情都要適度。太多菸酒或那些可怕的速食都會對你的氣場造成負面影響，並且削弱你的能量系統。

光是對自己的氣場有所「察覺」，就是很好的開始。你每天早上都會穿衣服以保護自己免於惡劣天氣的侵襲，對嗎？嗯，這正是將防護性的想法加諸在你的氣場上的理想時刻。先進行這項步驟，再展開你忙碌的一天，如此你不僅可以吸引正面的能量，也能夠將負面的能量加以驅除，不論這些能量是來自於某個人或是某個場所。將你的氣場看作是具備隱形防護盾功能的一片明亮白光，整天都維持在你的周遭。盡可能找時間休息和放鬆，當然，**每當你進行冥想，你都是在累積自己的心靈力量，也是在擴展並強化你寶貴的氣場**。

第十章

光之輪

在生活中，有七個主要脈輪發揮重大作用，而每個脈輪都對應著體內某個重要的內分泌腺。你的行動與想法，在控制能量的流動及脈輪所發揮的作用中扮演著很重要的角色。七個脈輪全都應該處於平衡狀態，如此能量流動時才能夠均勻地穿過這些脈輪到達適當的部位。

身為人類，**我們不斷在找尋可以獲得啟蒙的不同場所**，不論是在教堂、猶太教堂，或是在世界各地諸多神聖處所的任何一處，都是如此。在持續向內探索自身靈魂的同時，我們也傾向從自身以外的地方尋找方向與指引，甚至是答案（我應該在此強調，我當然沒有低估禮拜場合在許多人眼中的重要性，因為我自己也經常上教堂尋求那裡所能提供的智慧、平靜與獨處，這一切能夠帶給我撫慰和鼓舞）。然而，一旦開始了解及運用脈輪系統，我們很快便會明白並體悟到：**我們的身體才真正是我們的聖所**。

想到脈輪，我是將它們想像成不斷旋轉的美麗靈光之輪。猶記我第一次聽到「脈輪」這個詞的時候，我就對它的各個面向都非常感興趣，從它的發音本身，到它的來源與意義，全都包括在內，我立即自許我會投入必要的時間與精力，來了解這個引人名詞的真正涵義。當然，當時的我其實並不明白，脈輪對於開發我們的心靈能力及我們的整體健康具有何種重要的功能。

我喜歡稱這七個主要能量中心為「精神電池」，遍布其中的生命能量是原因所在——我知道這些能量中心有多麼重要，以及它們在你的心靈設備（也就是在你之中）所扮演的是什麼樣的角色。

什麼是脈輪？

在你的物質與精神生活中，有七個主要脈輪（還有許多較小的脈輪）發揮著很重要的作用，而每個脈輪都對應著體內某個重要的內分泌腺。在進行精神開發的初期階段，我建議大家應該把重心放在這七個主要的能量中心上。

七個脈輪沿著脊髓向上排列。能量會同時從每個脈輪的前方與後方進入。**脈輪是你的肉體與你的氣場之間的連結，它們會不斷相互影響**。每個脈輪都有一種獨特的氣場顏色與之匹配，也都各自具有其獨特的功能。這七個能量中心有如靈敏的接觸點，或者說橋樑，物質與精神世界便是在這些地方交會。位置較低的脈輪關係到的是肉體，涉及到與生活在這個物質世界相關的所有問題，例如生存、健康、職業、安全與起源；上方位置較高的脈輪則牽涉到一切的心靈與精神能力。

是你的行動與想法在控制這些能量的流動，更在脈輪所發揮的作用中扮演著十分重要的角色。即使能量會持續不斷地穿過這些能量中心，但是這些能量卻會隨著你將自己的生活平衡得有多好而增加或減少。

比方說，如果你在擔心錢的事情（世俗、物質層面的擔憂），你處於較低位置的脈輪就可能會受到負面的影響，它們的速率與旋轉會隨之趨緩。如果出現這種情況，能量的輸出就會變弱，你可能會因此而感覺遲鈍或失去平衡。相反地，當你感覺對某人心懷悲憫，或如果你將注意力集中在較高階的靈性想法上，那麼處於較高位置的脈輪就會旋轉得更加自如，使得能量得以傳遞順暢，進而創造出某種和諧又有活力的感覺。

在啟動並運用你的脈輪時，必須要注意平衡。不論何時，你永遠都不該將注意力集中在僅激發一個脈輪上。七個脈輪全都應該處於平衡狀態，如此一來，能量流動時才能夠均勻地穿過這些脈輪到達適當的部位。我認為每個人都注定擁有無限的能量，也都應該要能夠輕鬆利用個人的創意天賦，過著充滿愛與悲憫，以及——最重要的——平靜的生活之中。一旦你反求諸己，諮詢自己內在的智慧，你可能獲得關於你生活的強大指引。藉由讓自然平衡的能量流過你的精神電池——即轉變真正開始之處——你將能夠更清楚地聽見、看見並感覺到更高自我的聲音，以及在靈界的那些靈人所傳來的訊息。

七個能量中心

每個脈輪都有一組相關的顏色、聲音與腺體，更有會讓脈輪起共鳴的關鍵字。了解並學習這些重點有助於強化和提升對身體與精神方面的深入理解。接著來看這七個脈輪——

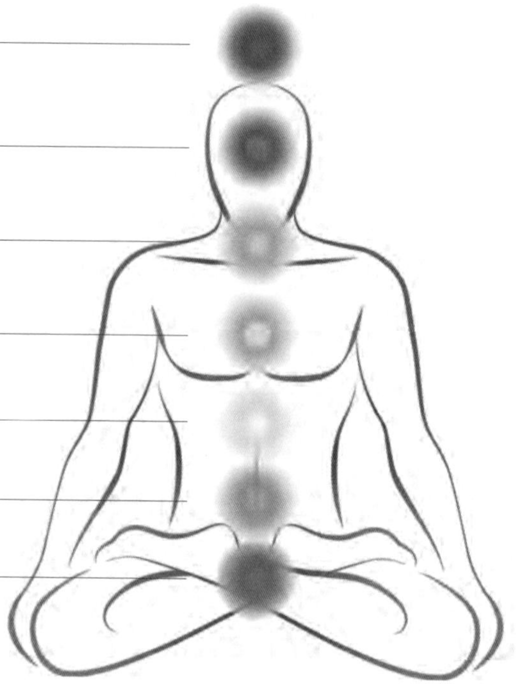

脈輪	顏色	聲音	腺體
海底輪（根輪）	紅色	Lam	腎上腺
臍輪	橙色	Vam	睪丸、卵巢
太陽神經叢脈輪	黃色	Ram	胰腺、腎上腺
心輪	綠色	Yam	胸腺
喉輪	淺藍色	Ham	甲狀腺
第三隻眼脈輪	靛青色	Om	腦下垂體
頂輪	紫色	無聲	松果體

一、海底輪或根輪

- **顏色：**紅色
- **聲音：**Lam
- **腺體：**腎上腺

海底輪或稱之為根輪，位在脊椎底端，與所有俗世問題的關係最為密切，例如生存、肉體和財務相關事項，以及生計、安全與庇護所。我們透過這個能量中心吸收能量，以從中獲得支持我們的力量。

當這個脈輪的能量受阻或耗盡，你可能會產生某種無法感受完全踏實的感覺。這可能致使你說出：「我今天感覺不太對勁」或「我就是覺得不舒服」之類的話，你也可能感到疲倦、無精打采或提不起勁來，容易想要尋求認同或過度謹慎。另一方面，第一脈輪過於活躍可能導致你為憤怒所苦，或感覺過度有幹勁、衝動、過動或甚至表現莽撞等行為。

想要平衡這個脈輪，瑜伽會非常有幫助，還有跳舞或輕度的運動，例如打太極，這麼做將有助於維持能量的流動與平衡。

如果你感覺自己有些昏沉，可以試著**想像有許多的根從你脊椎的底端延伸而出，像一棵樹一樣將自己扎進大地**。我知道這聽起來有點瘋狂，但是這項簡單的思維步驟會讓你得以在當前保持踏實。最後，請記住尊重你的身體，**從外在照顧自己的身體，你的內在將因此而受益。反過來亦然！**

二、臍輪

- **顏色：**橙色
- **聲音：**Vam
- **腺體：**睪丸、卵巢

臍輪坐落在肚臍下方的兩指寬處，與**情感、欲望、創造力**和**性欲**有關。

臍輪不夠活躍可能導致你性欲降低，你可能變得不愛交際，或甚至會擔心其他人對你的看法。當臍輪變得過度活躍，你可能因此感覺有性衝動、覺得嫉妒或占有欲強，你也可能會因下背部的疼痛或腎臟問題所苦。

當你的臍輪處於平衡狀態，你能夠帶著熱情與興奮來享受生命的一切。因此，為了維持能量的流動，你可以嘗試不同的舞蹈形式來移動你的臀部和下腹部。想要激發這個脈輪，你可以利用色彩冥想、練習瑜伽，以及讓你覺得自在的任何方式來表達你的性欲，而最重要的是，**要花時間來培養自己**。請記得，**你確實很重要！**

三、太陽神經叢脈輪

- **顏色：**黃色
- **聲音：**Ram
- **腺體：**胰腺、腎上腺

太陽神經叢脈輪位在臍部與胸廓之間，代表了力量、活力、自制、自尊與信心。你所有的**情緒**與**感覺**都記錄在這個能量中心；這個能量中心也與**超覺知力**有關，因為它是主要的精神接收部位。

在開發你的精神或通靈能力時，你應該要對這個敏感部位有所了解，並學習如何適當地將其「關閉」，如此才能避免變得過度敏感，或從人們身上或某些地方接收到無用的能量（我會在第二百五十一頁介紹一項練習說明如何做到這點）。

當這個脈輪處於適當的平衡狀態時，你可能會帶給他人真的很有自信的印象，猶如你已經準備好承擔這個世界一樣。如果這個脈輪失衡，你可能會變得苛刻，有會為事情做規畫卻不會執行到底的傾向，容易過度擔心，甚至可能會為神經衰弱所苦。如果聽任這個部位失去平衡太久，胃部問題與消化功能逐漸失調，甚至變成潰瘍，都會是常見的情況。

想要平衡和打開此脈輪，你可能要考慮配合專業人士進行能量治療，或是參加一些以提升自我為主要內容的工作坊與課程。此外，搭配色彩進行呼吸療法的練習也很有幫助。

最後快速提醒：**對於會從你身上取得能量的人要有所察覺**。

四、心輪

- **顏色**：綠色
- **聲音**：Yam
- **腺體**：胸腺

心輪正如其名，代表了無條件的愛、悲憫、喜悅、平衡、關係與療癒，據說它是我們**心靈、身體與神靈之間的連結**。當我看到通靈師在傳遞來自靈界的訊息，是用他們的心輪來進行通靈時，我可以看得出來收到訊息的人是真的能夠有所感覺。如果這個場景是出現在一大群人之中，那麼，**每個人**就都感覺得到分享的那份愛。

與人心相關的心輪常充斥著滿滿的喜悅與幸福，情感強烈地流過心靈，以至於你可能發現自己在冥想時會有眼淚滑過你的臉龐。所有過往的傷痛、失望與感情創傷也都是在這個部位駐足，因此隨著能量到達這個部位，這些能量會試著清除你可能有的任何阻塞。如果在開發精神或通靈能力的初始階段啟動了心輪，你可能會因而感覺消沉或鬱鬱寡歡。所以我之前才會寫到——在開發你的能力時，要照顧好自己並試著處於良好的情緒與心理狀態中。

藉由使心輪保持平衡，與過去問題相關的情感可以獲得治癒，進而讓你能夠展開新的生活。然而，如果讓心輪處於失衡狀態，很可能會引發憤怒、嫉妒等情緒，以及心臟相關的疾患。心輪不夠活躍會讓你覺得自我價值低落，產生不被人愛的感覺或缺乏同情心。

要讓這個部位恢復平衡可能需要一段時間，因此一定要**慢慢來**，讓治療的能量能夠通過並自由地流向你的其他脈輪。**要愛你自己、愛他人，行善舉，同時學會原諒，還有也要走出戶外，讓自然的美景圍繞在自己周遭，這一切都將有助於使這個部位達成平衡**。呼吸引導人（受過**喜悅呼吸**技術〔透過呼吸訓練使情緒、身體、心靈平衡的一種自我療癒工具〕相關訓練並取得認證的專業人士）及治療師或顧問，能幫你處理存在於你心輪中的阻塞，這除了對你的整體健康有益，更有助於情感方面的療癒。

五、喉輪

- **顏色：**淺藍色
- **聲音：**Ham
- **腺體：**甲狀腺

如同你可能會有的預期，喉輪就位在喉嚨部位，與**溝通**、**聲音**、**創造力**及**天聽能力**相關。許多藝術家、演說家、作家、歌唱家和其他創意人士，他們的喉輪通常都高度敏感且十分活躍。

你是否曾注意過有人會不斷地清自己的喉嚨？如果我看到這種情況，我通常會問那個人他是否有某件事情需要表達。人們對於需要述說的事情習慣有所保留，在這麼做的同時，他們可能造成喉嚨部位「能量倒流」，因此有「他們的話被噎住了」的這種說法。

當喉輪失去平衡，可能會導致喉嚨痛、皮膚過敏和耳朵感染，頸部及肩膀部位甚至因而漸漸變得緊繃。如果喉輪不夠活躍，你可能會抗拒改變，看起來反應很慢或很容易受到其他人的影響。

經由啟動這個能量中心並使其達成平衡，會促使你願意說實話和聽實話，不論在對你自己或對其他人方面都是如此。嘗試哼嗚、吟誦或大聲歌唱，最重要的是，**如果你有話要說，那就請大聲說出來！**一旦你啟動這個脈輪，如果你突然出現創意方面的靈感，無須為此感到訝異。

六、第三隻眼脈輪

- **顏色：**靛青色
- **聲音：**Om
- **腺體：**腦下垂體

第三隻眼脈輪這個最常有人提到的脈輪，關係到的是**天眼通能力、直覺與高階意識**。這個脈輪坐落於眉毛之間，就位在你的鼻梁上方，它會與喉輪和頂輪密切配合，利用你的心靈與直覺性內在指引來提供你協助——大多數靈媒、藝術家及具有生動想像力的人，通常都擁有發達的第三隻眼。經由適當的開發，你將得以「看到」遠超出平常視力限制的範圍，進而發現說不定就在你面前的解答與選擇。如果這個脈輪停留在開發不完全的狀態，你可能會變得害怕成功，無法看到全局，而這通常是因為你無法想像自己既快樂又成功的模樣。

當這個能量中心失去平衡，你可能會感覺眼睛疲勞，出現視力問題、過度憂慮、頭痛或健忘等情況。當通靈工作負荷過重時，我就會感覺頭部環繞著緊繃感，這代表我的第三隻眼脈輪太過活躍，必須去運動一下或是需要跟我的狗去散個步。此外，這也是將能量重新往下引導，讓能量進入我位置較低的脈輪中以便達到平衡的時候。

要平衡第三隻眼脈輪，我的建議是行走冥想、呼吸療法與利用色彩進行想像。不過，在你開發能力的過程中，不要只將注意力集中在這一個脈輪上；**重要的是要記住：所有脈輪都必須處於平衡狀態，如此它們才能夠同步協調運作。**

七、頂輪

・**顏色**：紫色
・**聲音**：無聲
・**腺體**：松果體

頂輪就位在頭頂，又被稱為「千瓣蓮花」或「光的接收器」。這個能量中心是你與宇宙及你高階意識的連結；換句話說，是頂輪將你與智慧和心靈洞見加以連接在一起。頂輪是**靈光與能量的接收處**，接著靈光和能量便由此散布到你的氣場各處，以維護你的整體健康。

當這個脈輪獲得激發並達到平衡，能量能夠沿著脊椎向上流動，再透過這個能量中心往外流動，有如美麗的噴泉一般，用正面的能量沖刷過你，提升並且豐富你的靈魂。相較之下，如果頂輪處於失衡狀態，你可能會有受到隔絕、挫敗、沮喪或不快樂的感覺，也可能產生自我懷疑，你甚至可能感覺文思枯竭。也就是，當能量無法順暢流進這個能量中心，缺乏靈感的情況便隨之而來。然而，當頂輪處於適當的平衡狀態，它會展開到某個程度，可能可以讓你獲得並運用最深源的宇宙智慧。

要平衡這個脈輪，可以試試冥想、呼吸療法、瑜伽、靈性治療、針灸和色彩想像。

脈輪與你的心靈能力

隨著你開發自己的心靈或通靈能力，在運用這些能力上，你變得更為熟練也更有經驗時，這些能量中心會更自然而然地開啟。如果在閱讀這本書的你是個新手，我建議你要盡己所能地研究並學習關於脈輪系統的一切。

這些脈輪沿著你的脊椎向上排列，所發揮的作用有如一根巨大的精神天線。在開發這些脈輪時**請放緩腳步**，它們一直都存在於你的體內，不過將來你必然會比過去更常開啟這些脈輪並加以運用。

你的心靈能力在本質上與脈輪系統有關，因此可能可以**僅透過想法**來激發你的精神能量中心。然而，太多的通靈工作或甚至談論通靈相關事物，可能會使你呈現開放狀態，進而導致你感覺疲倦、悶悶不樂或甚至變得易怒。不妨讓自己保持在淨化與受保護的狀態，並確保你恰當地關閉自己，這些都將成為你個人成長過程中很重要的慣例。

別忘了你是個**活在肉體中的靈性存在**，而這兩者（肉體、靈性）都應分得你一半的時間、精力與投入。如此一來，你才能夠維持著腳踏實地且平衡的狀態，並使得你的靈魂與肉體協調共存、合作無間。

請務必記得，**你的內在指引只是你的一部分——並非你的全部**。

當你將你的脈輪完全打開的同時，你的氣場也會隨之擴展。如同我先前所說，如果出現這種情況，你會變得更容易受到在你周遭的所有振動的影響，結果就是你會開始注意到自己變得有多敏感，你也可能變得更懂得面對在你所處環境中的所有人事物。

當我在台上進行通靈演示的時候，我可以感覺得到一切，包括在彼岸的靈人、在我附近的觀眾，以及我自身的感受。就好像每個感官都在遭受轟炸，但同時也都滿載著情感一樣。幸好就我而言，我已經學會如何處理這種感覺蜂擁而來的情況，我能夠關閉自己，控制這個過程。

我的工作性質意謂著我得時常處於開放狀態，極度敏感，因此我發現，長期在大城市裡消耗太多時間（加上所有噪音、喧鬧、活動與混亂）常可能帶來嚴重的影響，導致精神超過負荷。因此，我現在住在鄉間，這裡生活的步調比較慢，我可以停留在大地上。我有時間冥想、運動，過著健康且較為平衡的生活——

我從親身體驗中知道，**當你在開發和操控你的心靈設備時，照顧好自己有多麼重要**。

探索你的脈輪

在最後這項基本練習中，你會了解到如何調節七個主要脈輪。你會將這七個能量中心的每一個都想像成有顏色的明亮光點。在你的想像中這些光點逐漸變大又縮小，隨著大小的變換，你練習如何開啟和關閉你的脈輪。這項練習不僅能夠為你的脈輪注入活力與能量，也如同其他某些練習一樣，它也可以提升並擴張你的精神感知。

你的探索將以海底輪為起點，逐漸往上直到頂輪。請記得**海底輪與頂輪應該永遠保持開放和平衡**，使得不論在肉體面或精神面，都能夠成為維繫生命之珍貴能量的流通管道，讓能量得以恰當地流遍你整個系統。以有顏色的光之影像對應每個脈輪，搭配傳送出開啟與關閉各脈輪的想法，通常便足以提升並增強你的心靈力量。

這項練習的效果相當好，有幾項重要的原則需要遵循：

- 要依序打開你的脈輪。
- 要了解每個脈輪的情況。
- 要恰當地關閉每個脈輪。

練習：提升力量

一開始先保持挺直的姿勢坐下來，將你的脊椎打直，讓自己舒服一點。慢慢地做幾次完整的呼吸，讓自己放鬆。

開啟脈輪

想像在你的脊椎底端有一個紅色的光點。看著光點開始擴張變大，與此同時，想像從大地傳來一道明亮的白光。白光穿過你的腳底開始往上移動，經過你的腿，最終融入位於海底輪的紅光。隨著白光與你的脈輪融合，它會擴張並且提供脈輪能量。在進行以上步驟時可以慢慢來，因為這項練習的效果極好，**不應該倉促為之**。

想像在你的臍輪有一個橙色光點，看著光點開始緩慢擴張變大。如同前述，讓白光往上移動，不過這次白光應該「**通過**」你紅色的海底輪，進入你橙色的臍輪。

以這種方式繼續，一個接一個通過你所有的脈輪。從大地獲取白光，讓白光往上穿過你的海底輪，接著依順序穿過你所有的脈輪。**把注意力放在你的呼吸上，有助於增加到達每個能量中心的能量。**

一旦你開啟了所有脈輪，花點時間讓能量直接向上流動，直達頂輪的頂端。留意這種令人驚奇的感覺，你所有的能量中心都處於開放狀態，且在同步振動。

現在，將你的意識放在你的頂輪上，想像有一根巨大的煙囪朝向宇宙延伸。這次，想像有**「新的」**明亮白光開始在上方形成，接著透過這個能量中心慢慢向下傾注，與來自下方的白光相會進而融合。讓這兩道白光交融並且合而為一，讓強烈的光芒挾帶更多的能量，填滿你的精神能量中心。

花點時間留意你的氣場是如何自然而然地擴展，讓你感覺到好像所有天生的界限都就此消失。這就是所謂的**「處於開放狀態」**。

你可以維持這種狀態，直到你準備好開始關閉脈輪的程序。

關閉脈輪

你將再次利用想像的力量來一個接一個地關閉每個脈輪。

在你準備好時，將你的注意力放到來自上方的白光上，這道白光仍在繼續經由你打開的頂輪向下傾注。

現在將你的意識放到你的第三隻眼脈輪上，讓擴張的靛青色光芒（這個脈輪所對應的顏色）逐漸縮小。你應該可以感覺到力量開始減弱，接著你的意識便往下移動到你的喉輪及它的淺藍色光芒上。

專注於讓這圈光芒縮小，接著繼續往下來到心輪、太陽神經叢脈輪和臍輪。現在具有不同顏色的所有光芒應該都變小了，這個結果便是所謂的「**處於關閉狀態**」。不過要記得，**你必須讓頂輪與海底輪保持開放，以便讓能量能夠持續流動貫穿你的系統。**

如果你想要繼續安全地開發自己的心靈與直覺能力，開啟和關閉你的精神能量中心是很基本的練習；當我說除此之外別無其他方法時，請相信我的說法。這是**最重要的練習**，在每次進行通靈工作的前後，我不僅會定期進行練習，也會在我的工作坊中教授方法。

在發揮或運用你的精神或通靈能力之時，你的心靈力量、氣場與脈輪都是關鍵。我想，在對於教育及了解你的精神能力的運作機制方面，我已經十足強調我的立場是多麼堅持。如果你照著做，你將不僅成為一名強大、腳踏實地且更加健全的靈媒或通靈師，也將會是一位明智的智者！

第十一章

繼續你的旅程

如果可以的話，試著跟隨一些「老師」學習，這麼做十分有價值，就如同我們在這一生中擁有朋友和導師，他們會幫助、支持並且啟發我們一樣。

找到自己的立足點以及自己想要些什麼，是我們大多數人持續努力追求的目標。我們在這個物質界的期間，都有自己個別的任務，而每個任務都有許多途徑能夠帶領或引導我們朝著目標前進。**在他人幫助之下，我們能走上正確的道路**；我們必須了解、承認並且相信，在我們身處這個塵世的期間，我們從未真正孤單一人。你的直覺、特定的對象、靈魂、指導靈，甚至是共時性，都想要提供協助，而在開發你的心靈能力方面，他們可以協力成為你的夥伴，以發現你想要及需要的是哪些事物。

你是否能夠在你的生活中創造出或展現出這些幫助？**是的**，你可以。

我知道，事實上在所有人事物的周遭都有磁性能量場的存在。所有思想、情緒與感覺都包含在這個氣場之中，並朝向宇宙傳遞出去。簡單地說——**我們在想什麼，就會吸引到什**

麼。如果你感到害怕，你會引來恐懼；如果你表現善良，你會吸引到善意；在你感恩時，你吸引來的是成功；而如果你尋求的是對於至善的了解，那麼導師與各種路徑就會開始出現在你的生命裡，你將可以自由選擇是否要踏出那至關緊要的第一步。

我在英國花時間開發與磨練我的通靈技術期間，正是我轉變的時刻，我被引領到了對的地方，接觸到了對的人，進而幫助我踏上這趟美好的旅程。我的一切心力都集中在明瞭心靈能力與通靈的作用方式，以及盡我所能地服務神靈上。

靈界與共時性一同發揮作用，提供了協助，引導我明白自己需要到哪裡去，以及再來必須做什麼事情。不過，我知道一開始是否踏出那第一步、是否相信這些我所亟需的引導，其實取決於我。**折衷的唯一方法不僅要靠學習，也必須靠實際進行通靈**。我將這種情形比喻作學習當個演員，你可以去上你想上的所有演技課，但最終你仍必須正式上台表演，精進你的技巧，唯有那時，你才能找出更需要你注意的地方。

繼續你的學習

當人們跟著我學習時，不論是在週末的工作坊、為期五天的靜修課程，或是在通靈成長聚會P297裡靜坐，他們經常會問：「現在我們該做什麼？」而我會回應說：「繼續學習，並且直接付諸實行。」

付諸實行，意謂著參加通靈成長聚會活動親身進行通靈。假使你選擇在這趟成為通靈師的旅程上繼續走下去，你就必須確實學習並練習如何去分辨自己的心靈所提供的鼓勵與來自靈界的提示。這項工作有時候並不容易，不過，隨著時間流逝，這件事確實會變得愈來愈簡單。

當你在學習如何運作自己的能力上建立堅實的基礎後，便可以開始幫助其他人進行感應。找間唯靈論教堂、新時代書店，或是有提供心靈與通靈能力開發課程的靈修中心，在新手之夜進行通靈演示，以此為起點會是很好的主意。有許多教堂與機構都有新手之夜活動，讓你可以與觀眾一同練習你的技巧，開始感受將自己的能量與神靈交融是什麼感覺。

盡你所能地進行愈多次感應愈好，即使是提供免費服務；相信我，當你變得熟練，人們會開始注意到你，他們會來向你尋求協助。過去我當作練習所進行的每次感應，對我來說都是很棒的學習經歷，現在的我對這些經歷滿懷感激。

如果可以，試著跟隨一些老師學習，這麼做十分有價值。當學生一次次回頭來跟著我學習，我總是勸他們，**沒有任何一位老師可以教導他們一切**，我鼓勵他們接觸其他經驗豐富的老師和通靈師，跟隨不同的指導者學習，可以讓你接觸到範圍廣泛的教學風格、技巧與課程。可能某位指導者感覺並不適合你，或是他們已經告訴你他們所知道的一切，這時你便需要了解其他的觀點。

是否決心要開發你的心靈能力，取決於你自己，而在對你的通靈或心靈能力進行開發後，你會開始領會到自己精神能力的運作方式，而這又會建立起你的信心。**永遠不要失去為探索和學習新事物而感到興奮的心情！**有一句中文諺語，它將這一切總結得很美很美：「學問，是無論到哪都一樣會追隨著主人的財富（活到老，學到老）。」從未有一句話說得比這句更為真實。在後面的內容中，我想要提供大家一些有用的建議，以便大家能夠繼續自己的旅程。

指導靈與他們所扮演的角色

就如同我們在這一生中擁有朋友和導師，他們會幫助、支持並且啟發我們一樣，我們也擁有來自靈界的那些人能夠提供我們特殊的助力。他們是以我們的指導靈與靈魂幫助者的身分到來，他們之所以來到這裡，是為了引領與協助大家進行精神領域的開發。他們出現在你的生活中，並非是為了協助你處理你必須自己設法面對的俗事，**指導靈能夠協助賦予你靈感，讓你得以在正確的時間出現在正確的地方**。在那個寂靜的空間、在你在自己的腦海中所聽見的那個微弱的聲音裡，或是在你突然產生的那種直覺中，你都會找到他們的存在。

指導靈也會將可能對你有幫助的人帶進你的生命裡。如果你正在學習如何開發心靈或通靈能力，那麼你很可能已經察覺到你的指導靈的存在。

我們全都有一個主要指導靈會陪伴我們一生。我有一個指導靈是一名西藏喇嘛，我從出生以來的主要指導靈就是他。多年來有許多通靈師都曾向我提過他的存在，甚至還有位通靈藝術家曾畫出了他的畫像。人們經常想知道他們的指導靈叫什麼名字，如果你覺得這點很重要，那麼我鼓勵你設法接收到他們的名字——或是自己幫他們取一個！他們不在乎你知不知道他們的名字，只要你承認他們，開始和他們配合就好。

除了我們的主要指導靈外，在我們的生命中也存在著其他人，這些人都有自己個別的任務與應該扮演的角色。不同於我們的主要指導靈，有些指導靈會來來去去，他們的來去取決於我們在某一時刻的特定需求。我知道我有一個「靈感指導靈」，他會在我的寫作方面提供我幫助，他也時常會在我最沒有預期的時候與我分享智慧的話語。我認為**通靈藝術家**在工作時，**就是在接受他們的指導靈的指點**，而且很有可能的是，這些指導靈還在塵世時自身也是個藝術家，或是從事其他某種創意相關工作。

同樣地，治療師也擁有醫療指導靈或靈魂醫師，會在他們在這個塵世為病人看病時提供幫助。許多受過醫療訓練的醫師很可能都擁有醫療指導靈／靈魂醫師在協助並且配合他們工作，但他們甚至對此都毫不知情。

想像以下場景：有名醫師正在幫某個病人動手術，但即使他們擁有這個病人的所有病歷、實驗室化驗結果及診斷書，仍然就是有哪裡「**感覺**」不對勁。醫師繼續探查病人身體的另一個部位，卻發現實驗室的化驗結果遺漏了某項數據——甚至是這個病人為什麼真的生病的主要問題所在。現在，是醫師所受過的教育、訓練和直覺，抑或是與醫師並肩合作的某個指導靈將這個想法放進了醫師的腦海裡呢？或許答案是兩者皆是。就是像這樣的情況令我感到疑惑——甚至更加好奇。

我的「提升力量」的冥想方法（請見第二百五十頁）可用於幫助大家與自己的指導靈建立聯繫。不過，對於他們會以什麼方式出現在你面前，請**不要有先入為主之見**。你可能會接收到某個影像、某種顏色或感覺，或可能在你的雙肩感受到美好的溫暖。他們是你的指導靈，會以自己獨特而又個人的方式顯露在你面前。

你可以在冥想時詢問你的指導靈：「我會以什麼方式認識你？」一旦你和你的指導靈建立起聯繫，他們通常每次都會以同樣的方式到來，這麼一來你就會知道他們何時會陪伴在你的身邊。當你感覺自己像是在跟自己的指導靈對話，而你想要些證據證明那真的是他們，你可以直接請他們向你顯示某個記號。每當我即將進行通靈演示，我經常會看到四一九這個數字。並不是對於自己必須看到或找到那個數字，而是我有注意到每次我在工作時，這個特殊的記號就會出現。那是我的指導靈在以他個人的方式表示：「約翰，我們來了！」

出自於你的指導靈的所有資訊和啟示，應該永遠都是正面且令人振奮的消息。如果你感覺到某個所謂的指導靈叫你去做你通常不會做的事，那很可能是你的想像、某種恐懼，或是某個可能需要加以處理的心理問題。關於指導靈，有許多相關的書籍和網站都可參考，因此我鼓勵大家，隨著你逐漸與你的指導靈建立起關係，你可以針對感覺適合自己的相關知識進行研究。**你可能不會一直感覺到他們的存在，但是他們就在那裡，**在背地裡發揮作用，等著你承認他們並請求他們給予極有用的協助。請去了解他們，讓他們提供你指引和幫助。

見到我的指導靈的面孔

讓我與大家分享我的經歷，那是我第一次有這麼棒的機會可以見到我的指導靈。在前文中我曾稍微提到過來自於英國的通靈藝術家珂蘿．波爾曲，在她過世以前，我曾有幸和她相處過一段時間。無疑的，是她向我展示了如何珍視我和我的指導靈所擁有的關係，以及他們在我的精神生活中所扮演的角色。

我記得自己就坐在那裡——在位於英國倫敦大不列顛唯靈論協會的那間小房間裡，心裡想著：除了請珂蘿將我的其中一個指導靈實際畫出來以外，有沒有更好的方法可以讓我見到他？

我安靜地坐在那裡；珂蘿對我一無所知，而我也不知道她要描繪的人是誰。她先是畫出一名年長女性，這名女性與我母親那邊的家族有關。她甚至知道這名可愛女性長者來自於義大利，也就是我母親親戚的故鄉。她把畫像遞給我，接著出現了不一樣的情況。她拿起有色粉蠟筆，開始畫起新的畫像，說有個指導靈想要讓我知道他的存在，我因此非常興奮！

隨著我的指導靈與珂蘿建立起聯繫，我突然敏銳地意識到，房裡的氣場似乎產生了變化。某種全然的平靜沖刷過我的全身，我可以實在地感覺到純然的愛將我整個包圍。外來的城市喧囂似乎逐漸淡去，房裡變得十分安靜。我可以察覺到我的指導靈正在將他的想法傳送給珂蘿。她繼續畫畫，同時溫柔地對著我說話：「約翰，你也知道一直以來他都在你的身邊，協助你進行通靈，在你的這一生中，他一直都擔任著你的導師。」

在她作畫的同時，我所能想到的只有自己是怎麼一直受到西藏及美麗的喜馬拉雅山脈的吸引，那片土地和那邊的人似乎與我產生了共鳴。在孩童時期，我經常夢見在祈禱的人，那些人剃掉了頭髮，穿著鮮豔的橘色袍子，現在我認得出來他們是西藏的喇嘛（當時我完全不知道他們的其中一人是我的指導靈，而這件事即將被揭露）！我立下心願，有一天我會造訪那片令人驚奇的土地。我不知道為什麼，但即使到了現在，我真的感覺彷彿自己從前曾在那裡住過，而且很可能自己就是一名西藏的喇嘛。

在珂蘿作畫時，時間似乎隨之靜止。在她快要完工時，她告訴了我更多資訊，包括神靈與我的通靈能力會將我帶往哪個方向，以及我還必須完成哪些事情。

當珂蘿轉過她的畫板，把我的西藏指導靈的畫像遞給我時，他的面孔似乎極為眼熟。我最注意的是他的眼睛，它們是我曾見過最溫柔的一雙眼睛。

這雙眼睛似乎在對我訴說著故事，觸動了我的靈魂，我感覺到有一滴眼淚慢慢地流下了我的臉龐。當我明白在我的一生當中，一直有這個出色的人陪伴身旁時，許多情緒湧上我的心頭。由於某種原因，他一直都在那裡，從未打擾我或對我提出要求，就只是溫柔地引導著我……。

珂蘿可以看出我的情緒有多麼激動，她輕聲詢問我是否還好。我告訴她：「我很好，珂蘿。只是，現在就是有這麼多的情感充斥在我的心中，先是正好有這個榮幸和妳坐在這裡，現在又第一次看到我的指導靈的面孔。」「我知道每個人都有指導靈，不過不知道為什麼，在我人生的這個時刻，能夠有這個體驗正是我所需要的。」

我繼續告訴她我目前正居住在英國，遠離了家鄉和家人。我甚至對她說我最近花了些時間思索自己在做的事情是否正確，部分的我在質疑這份工作會把我帶向哪個方向。第一次看到指導靈的面容，讓我能夠明智地看待這一切，也以某種方式讓這一切顯得更為真實。隨著我所有的恐懼消失，我感受到了某種輕鬆感。這又是我必須學習的一門課，那就是：放開並且相信。我知道，自己正走在正確的道路上。

我正要站起身，但珂蘿說她還有一幅畫要畫，有另一個指導靈真的很想做自我介紹。

我不需要任何說服就繼續堅定地坐在原地；她直接動手作畫，粉蠟筆在紙上移動，這次顯示在我眼前的是一名非洲的巫師，他也是長期以來一直都陪伴在我身邊的指導靈。

「約翰，他正在跟我說他的職責是保護你並賦予你力量，讓你能夠度過你生命中的艱困時光。」十分鐘後，珂蘿向我展示指導靈的畫像，他選擇了帶著非洲巫師的紋面來到我面前。他是名身形高大的男性，但就像我的西藏喇嘛一樣，他也有著極其友善的面容。

現在，終於我知道為什麼在家裡有這麼多的非洲面具和藝術作品掛在牆壁上了！當我看到這些面具與藝術品，我的內心就會得到力量。事實上，如果我們發現自己受到來自其他國家的藝術與食物的吸引，或是某個特殊地點的建築或文化引起了我們的注意，我認為那可能是因為某段前世的記憶，或只是我們的指導靈正在對我們造成影響。

在我注視著我的非洲指導靈的畫像時，我了解到他已經影響了我一段時間。情況更像是我並未停下來傾聽與辨認這些影響是來自於哪裡。

珂蘿為我進行感應的時間幾乎到達了尾聲。我起身道別，手中抓著我的兩幅畫像。我對她表示我誠摯的謝意，然後開始向著門口走過去，我知道有其他人正在等待珂蘿幫他們進行感應。珂蘿看著我，接著非常和善地對我說：「年輕人，你做得很好，要繼續保持喔。」我轉身說：「現在我會繼續努力……，我已經知道自己擁有許多的幫手。再會。願神保佑你。」

之後我將珂蘿幫我畫的那兩幅指導靈畫加上框，放在我的冥想室最醒目的位置，這個間房間也是我每週做廣播節目的工作室。我想珂蘿會很高興地知道，當我在廣播時，我的指導靈會照看著我！每當我瞥見他們，某種平靜的感覺就會注入我的內心，而我也因為許多的原因而對他們非常珍惜。

在這個塵世，有成千上萬的觀眾曾目睹珂蘿進行通靈藝術演示，這些人都很想念她，而那些像我一樣親身被她所觸動的人，更是對她尤其惦念。我希望就在現在，珂蘿正在與在這個塵世的某個人進行配合，那個人或許甚至也是名藝術家，她會啟發他們，一路上提供他們協助與引導。這會進一步證明**我們都是永恆的存在**：在出生以前我們就已經存在，而在我們離開這具肉體以後，仍會長久地活下去。

參加通靈成長聚會

在你開發心靈能力的初始階段，你會培養出比過去更為敏銳的感知狀態。隨著你學會之後，在這種感知狀態增強的情況下，將更輕而易舉地與靈人建立起聯繫並且彼此交融，你和他們之間會形成一輩子的夥伴關係。讓我告訴你我是怎麼為這種增強感知狀態做好準備。

當我在英國進行研修期間，根據我的經驗，最棒的通靈教育、訓練與實踐其實來自參與通靈成長聚會活動（mediumship development circle）。如果你想要開發和擴展你的通靈潛能的話，我鼓勵我所有的學生和身為本書讀者的各位去參加這類聚會。

可能帶來的幫助

在通靈成長聚會中，你會與一群通靈師坐在一起冥想，學習如何與靈界建立起連結、聯繫和關係。就通靈成長聚會而言，由經驗豐富的通靈師來主持聚會會較為有利，他們可以協助大家與指導靈和操作者進行溝通和合作。他們也能夠幫助你理解（通常是在初始階段）哪些訊息來自於神靈，而哪些訊息則來自於你自己的心靈。我早就知道與志趣相投的人聚在一起，有助於我拓展自身的能力。我記得自己第一次參加聚會時的情況，以及每個人分享彼此心靈能量的想法，那是多麼令人激動的一種概念——也是我深切期盼能有機會體驗的一種情況。

在參加通靈成長聚會期間，許多人（包括我自己）都會經歷各種心靈現象，從一陣冷風，到腳部和腿部周遭的微小氣流，到閃耀的光芒、聲音，或甚至是如同蛛絲拂過肌膚一般的感覺，都包括在內。之所以出現這種情況，是因為靈人利用了與會眾人集體的心靈能量，來靠近及強化他們與接受感應的人之間的關聯。在我第一次經歷這種情況時，我絲毫不感到害怕，原因是與我坐在一起的是一群有經驗的同伴。

通靈成長聚會在各個方面都必須十分和諧，而你必須找到適合你的通靈成長聚會。這類聚會包括了對所有人開放的公開通靈成長聚會，通常在教堂裡或心靈感知課程的課堂上舉辦。也有私人的通靈成長聚會，只有受邀人士能夠參與。我收到很多電子郵件，告訴我他們很失望在他們所在的地區沒有任何的唯靈論教堂、靈修中心或甚至超自然書店。我鼓勵大家進行更廣泛的探索，你可能會為有多少相關場所存在而感到訝異。

隨著現今的科技發展，也有線上的通靈成長聚會讓人們可以一同學習，幫助彼此開發自身的能力。曾經有人問我：「正在學習的人如果比較心急，可以自行進行研究嗎？」

可以，這當然是可行的！但是，與一群志趣相投的人們一同努力，彼此的能量相互交融，對增進你的通靈力量來說會是比較好的方式。此外，在開發你的通靈能力時，有其他人的幫忙會較為有利，如此當你確實從靈界接收到要轉交給某位聚會成員的資訊時，將可練習整個證明與確認的流程——在線上論壇要做到這點會困難許多。

在實體環境現場練習會賦予將信心，而直接的反饋能夠確認這些資訊是來自靈界或源自你自身的心靈，抑或只是你的想像。

自行創立通靈成長聚會

如果你完全找不到某個通靈成長聚會加入，或許這正是你創立自己的通靈成長聚會的時候。有本很實用的書能夠幫助你組織起自己的聚會活動，那就是《直覺研究：關於通靈的完整教程》，這本書的作者戈登・史密斯（Gordon Smith）是位很棒的蘇格蘭通靈師，也是我在英國期間的導師之一。

我在英國的那段時間，有幸受邀參加某個私人的通靈成長聚會，而且為期超過兩年，在那裡我與七名聚會成員接受了完整而深入的訓練，那是一次很棒的機會，讓我們能夠在一個安全的地方分享、進步、實驗與成長；在那裡，我們都得以檢視和解析自身的經驗——這些獨特的通靈成長聚會是我曾經上過最好的靈性課堂。

我們會在每個週二的傍晚準時在晚上六點碰面，而我記得如果你遲到，門是會被鎖起來的！我將通靈成長聚會看作是與神靈、我的親人、指導靈及靈魂幫助者的約會；畢竟如果他們可以準時到達那裡，那麼我也可以。我會從我住的地方搭公車過去，而且通常會確保自己搭上時間比較早的那一班，只是為了確定自己不會晚到！

我記得，在最初的那幾個禮拜，我都在熟悉情況：了解什麼該做什麼不該做、應有的行事方式及其他許多事情。其他人告訴我，在大家會合的兩個小時前要簡單吃點東西，原因是當你在冥想、靜坐於與會眾人的精神力量之中。享受那份使人忘憂的平靜時，沒有什麼比你的空腹鳴響而擾亂了整個氛圍還要更糟糕的事了。

剛開始時，其他人先是教導我如何擴展我的氣場，讓我的氣場能夠和與會所有人的氣場交融。經驗豐富的聚會主持人向我展示如何以正向的方式來控制和引導我的思緒與情緒，她傑出的教學方法讓一切感覺十分自然；她經常會重複某項作業好幾次，直到她確信我能夠成功做到為止。

每次通靈成長聚會的時間都只有一小時，在這段期間我們會學習課程並且為自己的通靈技巧設定目標。我們會進行集體冥想來提升自己的意識，以便邀請靈人靠近，歡迎他們加入我們的聚會。在通靈成長聚會的下半場，則是要將我們所接收到的任何訊息都傳遞出去。有時收到的是要轉達給某位聚會成員的訊息，或我們也會從我們的指導靈那裡得到鼓勵的話語。每次聚會的情況總是不太一樣。

接收指引再進入下一步

對這個通靈成長聚會我非常感激，因為它構築了許多我教學內容的基礎，我在那裡學

會去感覺靈魂靠近時的情況。在經過訓練後，我明白了如何與靈魂進行溝通與交融，一次次練習傳遞我所接收到的資訊與訊息，讓這一切可以得到證實。我學會辨識我的指導靈出現的時刻，以及傾聽和理解他們的鼓勵與指引。我真的認為，如果你是註定要做這一行，你會受到引導前往該去的地方，並且知道自己接下來該做些什麼。

如果你想要加入某個通靈成長聚會，那麼請記得：**並非每個通靈成長聚會都可能感覺適合你，如果你覺得某個通靈成長聚會並未與你產生共鳴，那麼我鼓勵你，找到感覺與你所追尋的一切更為同步的聚會再加入**。通靈成長聚會永遠都應該有一名經驗豐富的通靈師或導師負責主持，而聚會的房間也應該乾淨而舒適，配有適當的照明設備與音樂，以便將能量調整到利於冥想的狀態。聚會的其他成員也應該本身擁有正向的能量與正面的意向，並且願意支持和幫助彼此。

找到一位好的老師，他會在通靈方面給予你指導，會教導你安全地進行通靈，同時持續向你灌輸良好的道德標準。有些老師覺得只要靜坐冥想就已經足夠，但是我堅決認為通靈成長聚會之所以有此名稱是有原因的——我聽過許多傳聞都是關於某些聚會成員的自我意識如何引發了集體能量混亂的情況，必須要靠聚會主持人將統合與和諧帶進聚會的內部，以維持所有成員的整合、平衡與正向精神。別擔心，你會在適當的時候找到最適合你的地方。

如果你對於加入某個通靈成長聚會感到不安，任何盡職的主持人都會提供你一些有用的忠告，幫助你無縫融入聚會當中。他們很可能會建議你試著早一點到場，這樣你就有時間從你白日的繁忙中放鬆下來。如此一來，你加入聚會後才會感覺踏實並且不那麼緊張。**現身**

聚會時秉持著至善的意向永遠都是件好事。再提供幾個有用的訣竅：在衣著方面要乾淨舒適；試著不要擦香水或古龍水，原因是其他人可能對這些氣味敏感；將你白日的繁忙與期盼留在門口，帶著開放、接納的心與精神走入聚會場所。

與其他人一同成長可能同時具有培育與提升的作用。你不僅有機會以團隊合作的方式搭建起與神靈之間的橋樑，你在與靈魂的聯繫上會隨之變得更具有接納能力，另外你也會成為這個相互支援精神群體的一分子，從彼此的經驗當中進行學習並分享，甚至其中某些聚會成員可能後來還正好變成你的靈性家人與畢生的朋友。

成長必定遭遇高低潮的週期

有件很重要的事必須要記得：在你開發你的通靈能力期間，你的能力成長狀況可能會看似趨緩或甚至完全停滯。職業通靈師也可能會遭遇這種情形；這種情況曾經出現在我和我認識的其他通靈師身上，但是我從未為此感到驚慌。我只是將這種情況視為像是我已經達到了某個程度，而我的通靈能力即將發生某種改變。猶如我覺得這是一次機會，讓我可以承認自己所學到的一切、我已經走了多遠，同時去評估是否有任何課程是我必須加以複習的。

隨著你逐漸成長，你會經歷高潮與低潮，這是可以預期的，原因是通靈能力所發揮的作用取決於能量的程度。能量不斷在變化、前進與增長，你的通靈能力也是如此。**每次你進行通靈，就是一次學習與成長的機會。**

如果你在某個通靈成長聚會或課堂中靜坐了一段時間，卻感覺得到的收穫並不足夠，或你的能力並未有顯著的增長，出現這種情況其實可能有若干原因。可能是你嘗試進步得太過努力，或你的通靈潛能可能並不是很強大；或是可能是如同我先前所提到，你參加的通靈聚會並不適合你；也可能是你太過忙碌於生活中的其他方面，因而在這個時刻你並不具備餐與活動的精力。

首先最重要的是——**不要擔心！**你生來便具備自己獨有的特殊天分。我知道你們之中可能有些人會說：「我以為自己是註定要做這份工作，我不知道自己還有什麼其他的天賦。」回想孩童時期，自問當時你喜歡什麼，或現在你熱愛哪些事情。我們每個人都擁有上帝所賜予的個別天賦，讓我們與其他人一同成長和分享，而你的特殊天賦……，就是你在這個世界上的識別特徵。

通靈能力只是這些天賦的其中一項，但你還擁有極多其他才能，例如寫作、音樂、藝術、進行啟發性的演說及治療。如果你的內心具有幫助和服務他人的深切渴望，那麼靈界會發現你的能力，引導你前往可以開發並應用的地方。就算你沒能從事通靈這份工作，也不代表你就與靈界毫無聯繫，**真正重要的是發揮你擁有的才能所做的一切。**探索你自身的體驗，你就會得到自己的體悟，接著你便能夠依自己的決定，走出屬於自己的心靈之路。

訊息的能量與結構

幾乎每個我認識的通靈師，在進行通靈時都擁有自己的風格與方式，因為在我們所做的這個行業根本沒有「通用的模式」！

在我剛開始進行通靈演示時，我的做法與今日有些不同。我對於神靈想要與我配合的方式並不熟悉，我不停擔心聯繫會在我甚至還沒開始前就中斷。結果，我的風格經常是又快又猛，同時，我也會在台上來回走來走去。奔騰於我體內的能量極其強烈，因而我的自然反應又是持續前進，彷彿我需要將那些活躍的能量燃燒殆盡一樣，任何人都會認為我正在進行百米衝刺賽跑之類的活動。

在剛開始的那段期間，雖然不斷有在思索最佳的工作方式，但我的通靈做法不僅令自己精疲力盡，我也確定觀眾必定感覺自己就像在觀看一場網球賽一樣。隨著時間流逝，在多位導師與我的指導靈的幫助下，我終於明白自己不需要燃燒能量，而是要有效而謹慎地運用能量。我用這種方式進行通靈好些年，針對神靈想要與我配合的方式不斷地學習、琢磨，並得到更深的體悟。這並不一定是錯的，因為我們全都有我們各自的做法。我經常在通靈演示結束時，因為與神靈連接而產生的恍惚狀態消失而陷入完全筋疲力盡的狀況。儘管不論在通靈演示或教學方面現在我都已經有了許多年的經驗了，但即使如此，有時還是可能會忘記曾經學過的一切，因而我認為，自己對於這份工作**一輩子都學習不完**。

在我接受培訓期間，我學到要控制與保存自己的能量，這麼一來，我才能夠以同樣的力量與能量，如同傳遞第一道訊息那般傳遞出最後一道訊息。有的時候，我會一時忘記這些明智的忠告。不過一如以往，靈人會以某種方式知道我需要在什麼時候進行複習，他們會找到合適的機會讓我再次有所領悟，而這類合適的機會之一，在僅僅數年前來到了，當時他們明確地判定我需要上一課。

遭遇困難的再學習

那時我的腳斷了根骨頭，必須打上石膏幾個月。一開始，這件事有點算是可以用來談論的話題，不過接下來我就必須面對這種情況並且加以處理。我仍舊必須工作，無法取消我的公開行程。我預定要在美國麻薩諸塞州南岸的某個大型活動中進行一場演說暨通靈演示，那是我的第一個大型活動，期間我會打著石膏，因此我很清楚自己將無法如往常一般發狂似的來回走來走去。

不知怎麼地，我就是知道靈人會設法應對這種情況。我跛著腳走上台，以帶著些許幽默的方式向觀眾說明我為何打著石膏，以及我將坐在椅子上進行通靈演示。

在演示剛開始時，我簡單說明一下這一切如何進行，這麼一來觀眾才會有更深入的理解。我告訴觀眾他們可以期待些什麼、他們的親人其實過得很好，以及他們可以如何辨識靈魂所傳送的記號，以確認親人在特殊的時刻時常就陪伴在我們周遭。這段開場解說的目的在於讓每個人都明瞭通靈的流程與死後的世界，這樣即使那些無法帶著訊息離開的人也都可以帶著些東西回家。

我喜歡每個人在看過我的演示後都懷著某種希望與受啟發的感覺離去，有時可能我說的話就足以幫助他們繼續前進。當人們聽見其他人所收到的訊息，這可能發揮某種證實生命確實會繼續的作用，並為人們帶來撫慰，因為他們知道自己過世的親人仍然活著。

當我帶著石膏坐在那裡，我可以感覺到靈人逐漸靠近。任何認識我的人都曾經聽過我說一句話：「我這裡擠滿了人！」即使在他們的眼中只看到了我！不過，這種情況可以說感覺像是全員上台，所有人都耐心等待輪到自己說話的機會到來。訊息一道接著一道傳來，其中蘊含著激烈的情感。我很快便領悟到想要維持能量的流動，在台上走來走去並不是必要的，就只是坐在那裡，同樣能夠發揮很大的作用——**如果說有任何不同的話，與靈人之間的聯繫甚至會因此變得更加穩固**。

我意會到我因為在台上走來走去而用掉的能量，現在反而被用來提供充分的證據與證明讓人得以相信靈魂的存在。靈魂提供了我許多與他們的個性、性格、習慣及個人經歷有關的細節，以便確認他們的身分。

如今，我在工作的時候已經不會再走來走去了，反而更像是為了看清楚觀眾而在台上緩慢地遊走。我已經學會控制自己的能量，維持靜止不動，而後再運用那些珍貴的能量來讓我的通靈更容易使人明瞭、作用更大也更具意義，這是因為我的腳骨斷裂了一根才學到一項教訓，也讓我成為一名更好的通靈師。

因為這次經驗，我有所成長也明白了更多。**不論你覺得某次經歷是負面抑或正面，其中永遠都有教訓可以學習**，真正重要的是你有學到事情的這項事實。那天晚上我學到了如何保存自己的能量，如今我也將這門課加入我的工作坊所教授的技巧之中。

傳遞訊息的CERT公式

身為一名教學者，我會耗費許多時間向在成長中的學生說明傳遞訊息的重要性，向他們湧來的訊息對他們來說是有結構的。你會知道哪些時候通靈師並未經過適當的訓練，卻因他們對資訊會很容易反覆，混淆了來自於不同靈人的訊息，因而很難理解他們在說什麼，對得到訊息的人來說也很難界定關聯的存在。這導致訊息可能一團混亂，失去它們的意義。

聯繫一旦確立，就會有大量的能量從通靈師的身上穿過，而當體悟到事實上收到訊息的人可能會因為會因為很緊張而無法跟上通靈師的工作速度以迅速做出回應，這個問題就能輕易獲得解決。因此我覺得，在傳遞訊息時遵循一項經過考驗的公式，不僅能夠對收到訊息的人有幫助，也有助於維持通靈師能量的穩定與持續不斷。

我所知道最好的訊息傳遞方法之一就是CERT公式，我是在在學期間學到這項方法的。這項利用一套固定結構來傳遞訊息的獨特做法，源自一位傑出的英國威爾斯通靈師，他的名字是史蒂芬・歐布萊恩（Stephen O' Brien）。我曾有個很棒的機緣與榮幸，於現場看他在台上進行通靈，那是在英國他與珂蘿・波爾曲的一次合作。他會出示靈人所提供的證據，而珂蘿便會開始將那個與他建立了聯繫的靈人給畫出來。他們一前一後配合無間，將靈人呈現在人們眼前，他們的表現看起來極其精采。

現在，讓我們回到那項CERT公式上……。

雖然許多英國通靈師在通靈時都是採取CERT公式，但卻是史蒂芬為這項公式進行說明並賦予了它名稱。現在我在教學時也會用到這項公式，而如果你正在研究與開發自己的通靈能力，我建議你同樣試著運用這項公式。如此一來，靈人就會知道你想要採取的工作方式，他們會盡他們所能地與你配合。

這項很有用的公式提供了與靈魂溝通的次第順序，先證實他們的身分，接著確認他們為什麼來到作為訊息收受者的親人或朋友面前。這項公式的用意是：若能按照它的順序，訊息的流動就會顯得既有邏輯又自然。以下便是CERT公式的每個字母所代表的意義。

- C＝**發訊者**（Communicator）：這個字母指**確認靈魂的身分**。發訊靈魂所傳送的資訊會證實他們是男性或女性、成人或幼童、他們離開人世時的年紀、他們往生的方式等。此外也常會傳來其他資訊，例如關於外形的描述及與收受訊息的人的關係。
- E＝**證明**（Evidence）：一旦確認靈魂的身分，更多證明會隨之而來以驗證訊息的確實性。這些資訊可能包括姓名、嗜好、特殊回憶、性格特徵或個人的習性。此外，還會傳來地理資訊、重要的日期、寵物等資料，並且時常也會出現證據表明靈魂知道在收受訊息的人的生活中發生了什麼事。證明的確立極其重要，原因是——這會使得靈界得以搭建起一座能夠傳遞愛的橋樑。這一切都是對來到現場的親人進行確認過程的一部分。
- R＝**回返**（Return）：靈魂為什麼選擇在此時帶著訊息返回塵世？在這個階段，通靈師可能會轉達一些發自內心的訊息。這些訊息可能是要保證他們仍舊伴隨在親人身邊，也可能是為表達諒解、愛與支持，以及提供導引。這些發自內心的訊息可能影響那些在這個塵世之人的生活，他們可能正承受著喪親之痛。訊息不僅會對收受訊息的人造成影響，如果某項訊息是藉由公共論壇傳達，所有觀眾也都會因此而受益，因為他們會知道自己的親人也都還繼續活著、平安無事。

• T＝**整合**（Tie It Up）：公式最後一部分的重點在於整理任何不明確的殘餘字句，將整個訊息組合在一起。有時候，通靈師可能會重新檢視已經傳達的所有或僅僅一部分資訊。也是在這個階段，通靈師有機會快速為收受訊息的人先前並不了解的證據片段找到意義——**接受感應的人永遠都不該在回家時心裡的疑惑比確定還多**。而出現在尾聲的那些傳遞愛的話語，通常也是在這個時刻轉達。接著，通靈師便會繼續傳達下一則訊息。

我想分享以下這個真實故事，以便大家能夠更加明白在傳達訊息時公式發揮了什麼樣的作用。從我開始執業至今，我轉達過許多的訊息，而既然這些訊息是「**透過**」我傳遞，而非「**源自**」於我，許多資訊都會從我的記憶當中消失，因為它們是要傳遞給其他人的訊息，並非是用來讓我牢記。不過，偶爾會有些靈人與訊息極其特別，因而他們會在我的記憶中留存很長一段時間。假如我以這次感應作為CERT公式的一個例子，那麼這次經驗可以分解為以下各個部分——

發訊者（Communicator）

那是在美國亞利桑那州的一個美麗的秋日，我以特邀通靈師的身分受邀參加一場死後世界大會。這場會議邀請許多講者，例如通靈師、悲傷輔導專家、巫師、科學家、學者、治療師、醫學博士、護士及安寧照護工作者。

這場會議的目的，在於為那些正面臨生命終結問題的人提供相關知識與支持，並同時提升大眾對於超脫肉體之後的生命意識，讓大家能夠透過神祕主義的方法來面對死亡與喪親之痛。

在這個特別的下午，我的任務是透過通靈來展示與靈魂之間的溝通，因為在上千名的觀眾之中，有些人從未親眼目睹過通靈師工作的情況。

一開始，我一如往常地先簡單進行了段開場白，說明我進行通靈的方式，以及在進行演示期間觀眾可以期待些什麼。隨即我便感受到有個個性相當開朗的男性靈魂正逐漸靠近；我感覺自己正在與一位活躍風趣的男士對話，當我和他建立起聯繫，我無法抑制自己臉上的笑意。這是一名熱愛生命也熱愛妻子的男性，他也深受每個人的喜愛。當他出現在你面前，很容易就會讓你感到開心。

是時候傳達我所接收到的訊息了！「嗨，大家好！有個很棒的人來到這裡，他擁有非常鮮明的個性！這個人讓我感到非常快樂，而他還在世時，在眾人眼中也總是個開心的人。我感覺這個人像是在七十幾歲時死於突發的心臟病。他想要和他的妻子對話。我也一直聽到某個名字……，那聽起來像是蒂娜、泰妮、東尼、迪諾。我知道這個名字很短，其中有一個T和一個N。」

觀眾的人數很多，但是我的確看到有名女性舉起了她的手。我對她說：「哈囉，親愛的，妳明白他在說些什麼嗎？」

她開始發笑，接著全部的人便開始聽她說話。「我的名字叫羅莉，我的先生是在去年七十七歲時因為心臟病發而離開人世。他是個非常開朗的人，每個人都很喜歡他！他的名字叫做迪諾。」

我回應說：「很好！」

隨著我繼續與他的妻子羅莉對話，我感覺到他非常喜歡大車，因為在我的心眼中他所出現的樣子，正快樂又放鬆地在駕駛著一輛大型的凱迪拉克汽車。我繼續傳達訊息：「他現在出現的模樣是開著一輛相當大的凱迪拉克汽車！妳明白這幅畫面的意義嗎？」

羅莉立即回覆：「喔，他很愛他的那些大車！」羅莉和觀眾都顯得很歡樂，因為我可以感覺到自己展露出了他的性情。我實際上開始表現得猶如我是他一般，就像他會做的一樣面帶笑容地開著大車。他與我之間的聯繫與交融極其緊密，我無法避免地深受他的精神與個性所影響。我問：「他還提到某件事跟做慈善有關。妳知道那是在說什麼嗎？」

「不，約翰，我不清楚那是什麼。」

我告訴她：「好吧，這件事我暫且不提。」

「他在我的感知中留下深刻印象的最後一件事是，他必定結過好幾次婚，因為他告訴我：在他和妳結婚以後——他終於找到了那個對的人！妳明白他說的話的意思嗎？」

羅莉露出笑容輕笑出聲，她說：「是的，約翰。我是他的第四任妻子，而他確實找到了那個對的人！」

隨著我傳達的訊息進入尾聲，我只能不斷地轉述他對於羅莉的愛。「哇！他真的非常愛妳，即使身在彼岸仍舊是如此！羅莉，謝謝妳與我配合。」

證明（Evidence）

在我的心靈中，迪諾對我顯示他的兩隻腳，不過我有點困惑，因為那幕影像看起來像是他的腳沒有任何的腳趾！由於神靈會利用我的生活經驗來表達意思，因此這可能代表兩件事的其中一件，我之後會加以說明。迪諾相當聰明，因為他在利用我的記憶來向他的妻子提供更多證明，證實那真的是他，迪諾。

「親愛的，我可以感受到他曾經帶給妳及其他許許多多的人的愛與喜悅。能和他進行聯繫令我感到非常榮幸！妳知道迪諾過去很喜歡水嗎？」

他的妻子回應：「沒錯！沒錯！」她的頭點個不停，這已經是足夠的確認。

「現在他顯示在我面前的是我不明白的某樣東西。他讓我感覺像是他不只是失去了兩隻腳的腳趾，而且實際上他的兩隻腳都有一半被截掉了。妳知道這是什麼意思嗎？」

她確認說：「是的，我完全可以理解。因為他有很嚴重的糖尿病，所以他的腳必須截掉一半。」

在我與狄諾交融時，觀眾完全不知道我的內心是什麼情況。在我的心靈中，我接收到水肺潛水（潛水者自戴著呼吸裝備下水）的影像。我馬上知道（我自己就是一名合格的潛水員）他也很喜歡水，他再一次地利用我自身的私人回憶與視覺資料庫來提供他的證明。

我總會按照訊息傳來時的模樣將它原樣地傳出去，而不會對資訊進行過度的分析，因此我便繼續道：「他現在對我顯示的是他有多麼享受在他的游泳池裡消磨時間，而我正在問他在兩隻腳都僅剩半隻加上擁有糖尿病傷口的情況下是怎麼做到這點的。不過，他向我展示了一件為他特別打造的裝備，所以他才可以繼續他對游泳的熱愛。這些訊息說得通嗎？」

我可以分辨得出來每位觀眾都和我一樣很喜歡迪諾也享受他的存在！

「是的，約翰。他有一雙特殊的橡膠靴，他穿著那雙靴子時他的小腿周遭會被緊密包覆住，讓他的腳完全不會碰到水。」

回返（Return）

我接著說：「哇！我真喜歡這個傢伙！他想要妳知道，儘管他已經離開人世，妳仍舊需要繼續過妳的日子，並且確保這段期間妳能夠享受美好的時光！他想要我謝謝妳，感謝妳為他所做的一切，他告訴我在他遇見妳時，他便成了地球上最幸運的人。他知道妳有多麼想他，但是他想要妳往前走！他說他會等著妳，等待多年以後妳的時候到來。他並沒有去任何地方——他和妳的距離仍然非常靠近，而他也會永遠地愛著妳。」

整合（Tie It Up）

我說：「所以，現在我要開始關閉與他的連結了，妳應該可以了解到他是多麼地愛妳；他熱愛生命，隨時都準備好開一場派對，在游泳池邊擺滿所有的飲料和點心；他喜歡車子；還有，即使兩隻腳都只剩下半隻，他仍然會去打高爾夫球，過著圓滿的生活，繼續做他熱愛的每件事。對嗎？」

她回答：「喔，沒錯！」

「記得我曾經說過他有提到做慈善，而妳並不瞭解那是什麼意思嗎？」

她說：「記得。」

「我想他指的是某個跟他有關係的基金會？」

她面帶微笑說道：「那個我知道。他幫忙成立了一個基金會，基金會的宗旨是幫助位在薩爾瓦多的伊洛潘戈湖（Lake Ilopango）的生態系統。」

我告訴她與狄諾進行聯繫，帶給她如此特殊的訊息，使我感覺有多麼榮幸。最後我對她說：「他就跟還在這裡的時候一樣那麼有活力。事實上，我認為他在那裡甚至更為活躍！他再次向妳表達他的愛。也再次感謝妳與我配合。願上帝保佑妳！」

如果在傳遞訊息時利用有結構的公式，每個人都能夠受益。你的能量得以保存，而收受訊息的人也通常可以完整地記住訊息，而非只對破碎的片段留有印象。在觀眾面前使用公式，他們同樣會受益，原因是他們**可以跟著整個過程，明瞭這一切的運作方式**。你可以自行嘗試這個公式，這並不是唯一的做法，但是如果你發現這個公式有幫助，可以讓靈人知道在你運用你的通靈能力時，這就是你目前努力的方向。

通靈的倫理與道德

為那些生活在靈界的人及那些居住在這個物質界的人提供幫助，是很神聖的使命，也

應該如此加以看待。以通靈為職業，應該被視為是一種最光榮且致力於奉獻的人生。人們來找通靈師有許多原因，有些人為失去所苦，身陷喪親之痛當中，而有些人則可能在尋求精神方面的指引。不論他們追尋的是什麼，作為真正的專業人士，我們的職責是去探索身上為人所需的感知。

經常有人來找我們，希望能夠以能力範圍內的任何方式來幫助他們。要達到他們期望的結果，我們的負擔與責任巨大。若我們哪天狀況不好，無法建立起聯繫，抑或現身的是其他人，而不是他們所想要的那個人，失望就會顯而易見。不過，當建立的連結十分穩固，所傳遞的訊息也很到位，那種欣慰、了結與治癒的感覺，只要見到就會令人感到喜悅。我們必須在自己有能力時試著提供協助，並以最大的愛心和關心，來對待那些尋求我們的建議的人。**每個通靈師都應該致力於成為一個具有最高程度的道德與倫理標準的專業人士。**

在我眼中，能夠與靈界溝通既是一種榮幸也是一種禮物。如我先前所說，這項能力並非來自於我們，我們可以是容器，代表與靈魂溝通的能量流動機制，但是我們必須記得，這項能力源自於造物主、起源、更高的力量，或你喜歡使用的任何名稱。因此，我們必須試著將自己放到一邊，不要讓我們的自我意識介入這項光榮又神聖的使命之中。不論何時，只要我從事這份工作，我都會鼓勵人們**要因為自身的精神能力而維持謙虛、感恩並懷有敬意**，在他們的心裡也要永遠都抱持著感激之情。要記得，我們是在試著將這個世界與那些生活在靈界的人連結在一起，藉由提升我們自己的意識來達到這項目的，希望也能藉機提升我們所幫助的那些人的意識。

在本書的最後，我希望我所有的建議與我所提供的資訊，將有助於不論是在執業的通靈師，或正在開發自己能力的大家，能擁有去面對其他人的能力。我們必須記得，當某人尋求幫助，不論那是他們的第一次或他們過去曾經諮詢過通靈師，在他們接受感應期間，他們都十分脆弱，同時也可能會產生許多情緒，抱持同情將能夠幫助那個人療癒並且終結悲傷。經常出現的情況是，感應一次訊息就可為他們打開一個全新的世界，甚至可能在他們延續自己的生命時，幫助他們連結上他們自身的心靈力量與目標。

通靈師應具有哪些倫理與道德？

我努力地將自己的主張化為現實，我也深切認為擁有高道德標準有它的益處。在我所教授的工作坊中，我總會耗費相當大的時間精力將以下道德標準灌輸給我的學生。

- **誠實絕對必須。**
- 抱持最誠信的態度與最好的意向來面對相關的一切。
- 召喚宇宙的白光來環繞你，同時請求只有**至善的意念**可以向你傳達。
- 每次進行私人感應，對於相關資料都應該**保密**。
- 盡力帶來樂觀與希望，以防他們仍處於絕望與悲傷的狀態。幫助當事人了解並體會**自己思想的力量**。
- **通靈師不應該進行預測**。學習分辨什麼是「心靈」提供的資訊，什麼是與「靈魂」

之間的溝通。如果你進行的是心靈層次的感應，請告知當事人你接收到的並非來自於神靈，而是源自於直覺，且未來也並非是不可變；灌輸他們**自由意志的重要性**。

- 別當大師。強調你只是個普通人，否則來接受感應的人可能會認為你是世上唯一能幫助他們的人。幫助人沒關係，但是**通靈師不應該讓人們對他們產生依賴**。我們應該謹慎地盡到自己的本分，讓當事人明白他們已經過世的親人仍舊活在靈界，也仍舊是他們生命的一部分，但當事人必須靠自己努力前進。有些人甚至可能需要找經過適當訓練的治療師，針對喪親之痛進行額外諮詢。
- 不要進行誇大的宣稱。沒有任何通靈師能夠保證特定靈魂會現身。
- **不要預言死亡的發生**。我自己倒是從未在感應期間接到過這類資訊，不過我有次有所感應，於是對某個人說：「**去看你的祖母**。」三個月之後，那名女性的祖母就過世了，如果我沒有說那句話，就不會有這次及時的造訪。我並不知道她即將往生，我也沒有從哪裡獲知這項消息，我只是感覺受到驅使因而說出了那句話。
- **不要美化訊息**。不要試圖添加更多原本並不存在的資訊，以便讓傳來的訊息更令人感興趣。
- **不要把你的「東西」加進訊息裡**。訊息無須以通靈師的個人意見與看法加以點綴。
- 在傳遞資訊的時候，請務必記住：**印象與表達是相對的**。對人們描述事情有許多的方式。舉例來說：如果你看到某人悲慘死去的影像，而你為此印象深刻，那麼，要留意你向接受感應的人描述這些資訊時的表達方式。他們可能正經歷喪親之痛，感情仍然十分脆弱，而他們不需要再次體驗那段經驗。與生俱來的敏感本質對通靈師而言極為可貴。

- 不要走到完全陌生的人面前主動提供感應到的訊息。他們並不期待這種情況發生。**對於其他人的信念與看法及他們的隱私，永遠要給予最大的尊重。**
- **不要扮演醫生的角色！**假使你對於某人的健康有任何擔憂，提供合適的診斷並不是你的工作（除非你具有醫學學位）。永遠要勸告那個人去尋求醫療方面的協助。
- 通靈師永遠都不該在受藥物或酒精影響的情況下與靈魂進行溝通。
- 要知道何時某人是需要治療師而非通靈師的協助。
- 去上與療癒喪親之痛有關的課程，讓自己甚至更懂得相關知識、更能去幫助那些你傳送訊息的對象。你並不是輔導人員，不過對喪親之痛的療癒過程有所了解總是一件好事。

作為一名將良好的倫理與道德付諸實行的通靈師，你會贏得的敬重不僅來自於來拜望你的眾人，那些在彼岸的人同樣會對你抱持敬意。你很快便會成為一位受到尊敬與尊重的通靈師，同時具備完全的誠信。我絕對相信「種瓜得瓜，種豆得豆」。

換句話說，**要好好做事**，**保持謙遜**，**心懷感恩**，**並在有能力時有所回饋**。如果你做到這些，不只是在與他人分享你的天賦、才幹與能力時，源自於宇宙與天國的祝福會重新降臨到你身上，這些祝福也可能幫助其他人展現出他們自己的天賦。

我希望藉由閱讀這本書，你得到了些許安慰與療癒，你也明白了你的親人現在很健康、很活躍同時非常地有活力，你們永遠彼此相連。此外，我也希望我已經證明了你仍然可能自行與他們建立起傳遞愛的聯繫。

如果你因為看過本書的內容而能夠變得在心靈感知方面更加敏銳，或對自己的通靈潛能進行開發，那麼請繼續學習與成長，如此一來，你便能帶著謙遜與恩典向前邁進。請盡力成為最好的通靈師，並且牢固維持自己的基礎，這樣你才能幫助到那些在靈界的人和在這個塵世的人。

要記得神靈賜予的禮物有許多種類。某個人可能得到的是智慧的話語，另一個人得到的是知識與啟發，再一個人則獲得了治療的天賦。**不論你得到的是什麼禮物，真正重要的是你怎麼利用這些禮物。**

我寫這本書的其中一項目的，是要擴展你的認知，幫助你察覺到事實：**世上沒有死亡的存在；我們所謂的「死亡」其實是生命的彼岸。**我也想要向大家證明我們具有多麼強大的感知力，以及在我們體內就有著我們所需要的一切，可用於開發與強化我們的精神能力。學習放下你所認定我們作為人類所受的局限。我們都是由相同的神聖能量所構成，而這種能量也遍布在這個物質界及在彼岸的萬事萬物中。

在未來的日子裡，記得**在所有事物中尋找那份美好，我們之中有太多人將一切視為理所當然。**不論何時你見到任何物質的事物，請努力也試著去看與去感受存在於所有事物當中的神靈——不論那是個人，是某隻動物，是一朵花、一棵樹或自然界中的一切。在你開始體驗與培養你內在的自我與能力時，你會搭建起你自己的橋樑，而這座橋樑將帶領你超越物質界的限制。這麼一來，你不僅能夠幫助自己，其他許多人也都會因此而受益。這將有助於為你的生活帶來平靜、和諧與美好；而你現在甚至未能察覺的靈界也將顯露在你面前。

現在就展開行動。成為傳遞愛的橋樑，同時放開自己的感情、心靈與靈魂，如此你便能夠透過你自己的體驗來自行感受到這些真相。

獻上我所有的祝福

約翰

後記

禮物（二〇一四年秋天於美國波士頓）

在這個特別的日子，新英格蘭的天氣非常涼爽，我嘎吱地踩過被霜所覆蓋的落葉，黃、紅與橘色的落葉交織而成千變萬化的景象，壯麗的秋葉景致使得我的感知變得活躍。我正在前往參加在波士頓具歷史意義的後灣中心（Back Bay Center）所舉辦的一場大型活動的路上。布萊恩・魏斯醫師和我之所以出現在那裡，是為了對超過上千名想要了解前世的群眾分別進行演說，而我的任務是幫助他們與那些已經往生的人進行溝通，不過，我還有一點時間可以處理我的日常待辦事項（大家可能很難相信，那些能和靈界聯繫的人也必須處理一般的「事物」，像是補充雜貨、鍛鍊身體，以及購買要送朋友的生日卡片）。我急著想把事情處理完，因為某個好友的生日就要來臨。幸好我偶然發現了一間合瑪克（Hallmark）的別緻店面，便走進店裡想要買一張生日卡。

當我聽見那個聲音時，我人在生日區的走道，試著想找到合適的賀詞。那個聲音在我的腦海裡清楚地說：「買隻史努比布偶。」

什麼？再說一次。

「買隻史努比布偶。」

我不是會順手購買小型填充玩具的那種人。不過，我確實並未對那句話有所懷疑。我從未如此，因為我就是這樣，我的心靈是開放的。沒過多久，我就發現自己的腳離開了原地，我的手伸出去拿了個小型的史努比填充布偶。當時，我的問題比答案更多。

誰是這個玩具的主人？

我何時會把這個布偶交到他或她的手上？

那會是個小孩，還是正在對我下指示的是個孩子的靈魂？

一如往常面對靈界時的情況，我必須讓真相自行揭露。

在回到會議中心後，布萊恩的表現十分精采，除了針對輪迴加以說明外，他還進行了集體回溯，讓人們可以體驗前世的記憶。接著我聽到以下這句話：「各位女士、各位先生，讓我們歡迎暢銷作家、通靈師兼精神導師的約翰．霍蘭德。」我聽見大約一千一百雙手鼓掌所發出的雷鳴般的掌聲，於是我走了出來，進入明亮的燈光下。

我的眼睛注視著觀眾，他們迫不及待地想要我告訴他們一些足以改變人生的事。每個人都在猜想會發生什麼事——可能出現什麼情況。當你在進行通靈時，你永遠不知道可能發生什麼事情，或是哪個人即將現身。這是這份工作刺激的那一面，但在此同時，這種情況也可能令人有些提心吊膽。由於我們都希望一切會順利進行，因此我們通常會如願以償。

當時我的手上拿著史努比布偶嗎？並沒有。在我買下布偶後，我便把它交給了我的助理，而我的助理則是將它放到了這場活動台上講台的後方，原因是我並不想要任何人看到它。她在這隻知名的小獵犬的脖子上綁了一個很大的紅色蝴蝶結，我覺得這樣很可愛。我不想直接問所有的觀眾：「有哪一位有任何經歷是跟史努比有關的嗎？」如果我這麼做，我可以想像有多少人會舉起他們的手，就因為他們能將自己與史努比這個參照物聯繫在一起。我確定有很多人都會和小獵犬、查理這個名字，或這部連環漫畫中其他角色的名字有關聯，太多關係需要納入考量。或許，史努比將會跟著我一起回家。我必須等待，順從要我買下那個玩偶的靈人的指示與引導，我希望在進行通靈演示的這段期間就會得到相關的指引。我必須等等看……，並且給予信任。

沒時間老想著這件事了。靈人逐漸接近，他們已經到來。

我告訴滿臉希望的群眾說：「我收到了訊息。」那天下午有許多訊息傳來，一道接著一道。父母為了他們的孩子而到來，也有丈夫和妻子降臨，還有祖父母提供他們還活著的證明並同時傳達他們的愛。現場有笑聲也有淚水。到目前為止，那都是一個很棒的下午，只是我開始懷疑藏在講台後方的那份特別的禮物，在那天是否送得出去。

隨著我走過長長的舞台，有個想法掠過我的心頭，於是我對著右邊觀眾席許多排座位的中間區域說：「在這一區有誰熟識的人當中曾有某個人為美國郵局工作過？明確地說，我看到是郵差所駕駛的貨車的影像。」我快速掃視了一輪，有隻手飛快舉了起來——只有一隻手。因此，我移動到甚至更接近舞台邊緣的位置，面對著那位名叫崔西的女性。

她說：「我的祖父曾經幫郵局做事，負責修理他們的貨車。」

我溫和地說：「妳也失去了妳的母親。」

她證實道：「肺癌。」

「她說妳的女兒也在這裡，和她在一起。」

崔西的眼裡滿是淚水，她接著解釋說幾年前她曾經懷過一個女兒結果流產了。

我說：「她知道她有兩個弟弟在她之後才出生，但是她想要妳知道她安全地跟她的外祖母在一起。」

的確，崔西是個有兩名兒子的媽媽，兩個兒子都生於那個小女孩之後。這次與傳遞自遠方的訊息的接觸原本可以就此結束。但其實，一切只是剛開始。

我說：「等一下。現在他們正在告訴我妳認識的某個人也曾經經歷失去，而來到現場的那個靈魂並沒有機會道別。誰沒有機會對母親說再見？」

崔西毫無猶豫地指向了她的先生傑夫，傑夫正安靜地坐在她旁邊。他的身材高大，臉上帶著悲傷。

傑夫說：「突發的心臟病帶走了我媽，她從來沒機會說再見。」

他的母親有來到現場，而我可以感覺到母子之間那種最強烈的愛的連結。我甚至看到數字一出現在他的頭上，這只能代表兩件事之一：唯一或是最喜歡的孩子。

我問：「唯一的小孩？」

他說：「不是。」

「那麼，你是最受寵的？」

他面帶微笑說：「沒錯。」傑夫接著告訴我他未曾在他的母親離開這個世間以前見到她，而他知道這並非她能選擇的。事實上，他母親是會為她的孩子做任何事情，好讓事情變得更好的那種父母。我很清楚這點，因為我可以聽見在彼岸的母親說，她有訊息想要傳達給她兒子，但其他人會幫她轉達。就在那時，我感覺到有另一個存在站了出來，是在彼岸就站在她旁邊的那個靈魂。我看到在那個人的臉上綻放出最大的笑容，他顯然是傑夫的父親。

我說：「你的父親也在這裡。」

傑夫說：「我爸是因為阿茲海默症而在榮民之家過世。他不記得……」

「這就是史努比應該使用的地方。」在我的腦海裡突然冒出一個聲音，提醒我在那間合瑪克商店它說過什麼話，「我還記得。」

我深吸了一口氣，然後說：「我不常這麼做，不過這種情況一段時間也會罕見地發生一次，那就是在彼岸的某個人會要求我將特定禮物帶到我的某一場通靈演示活動上。」我衝回講台抓起那隻史努比，然後將它藏在我的背後。我說：「傑夫，我有個古怪的問題想問你，不過或許沒有任何問題是古怪的。」

傑夫瞪大了他的眼睛。

我問：「你有任何經歷是跟史努比有關的嗎？」我將玩偶高高地舉在我的頭上，這麼一來傑夫和觀眾就可以看得到它。

從他的臉上能夠清楚地看到答案。

他說：「喔，我的天！我的父親認識畫史努比的那位漫畫家查爾斯・舒茲（Charles Schulz）。每年他都會飛去加州參加史努比曲棍球錦標賽，他的工作極其繁忙，從來沒休息過，除非是為了曲棍球，而他在曲棍球方面也真的是很在行！」

直到那時我才知道，這位知名的花生漫畫創作者極其熱愛曲棍球這項運動，以至於他在自家辦公室的正下方建造了一座正規的曲棍球溜冰場。自一九七五年至今，他會在他位於加州聖塔羅莎（Santa Rosa）的房產上主辦史努比錦標賽，這是很重要的資深業餘冰上曲棍球比賽。來自世界各地的隊伍會從四面八方趕來參加這場比賽，即使它的賽程只有一天。

傑夫說：「查爾斯有自己的隊伍參加這場比賽，而當然這個隊伍叫做史努比隊。他總是會要求我爸說：『來幫我的隊伍打比賽。』我爸則是會面帶微笑說：『我不能讓我的隊友失望，卻跑去幫你的隊伍打比賽。』」

我說：「真不可思議！以下是來自於你父親的訊息。不再為阿茲海默症所苦，他還記得。他真是個聰明的靈魂！我從他那裡感受到了非常深切的愛。」

淚水從傑夫的臉龐流下，現在全場的觀眾都在為一個帶有深刻意義的小型填充玩具而淚流滿面。

我懷疑人們是否清楚是彼岸為這類訊息做出了所有相關的安排與規畫。我必須聽從靈人的指示，在理想的時機買下那個布偶，也就是當我在卡片店裡的時候，進而讓我可以將布偶帶來並且藏起來，如此一來，這個布偶就可以確切地到達它預計要到達的對象手上。我明白所有訊息都可能使人讚嘆而且獨一無二，但是當有人託我帶某個禮物，我便知道這些訊息甚至會更加特別。

至於傑夫，這名成年人突然掌握了兩個世界之間的珍貴連結，而對於這份連結，他和他的家人在剩餘的人生中都會備加珍惜並且絕不會忘記——我也不會忘記。

我想要大家記得，像「消逝」這個詞這樣的事情並不存在。
我想要大家知道，他們就陪伴在你身旁。永遠都是如此。
我想要大家留意像我一樣的信差，尋找相關的記號，感受那份愛。
靈界會找到傳遞訊息的方法……。

附錄

詞彙（名詞下方的國字數字，為該詞於正文首次出現的頁碼）

四劃	
天界（頁三八）	位置最高、稠密度最低的界面，時間與空間在這裡根本無關緊要。天界是天人、導師、天界居民、指導靈與天使的居住地。
天使（頁二六）	生存在天界的較高階存在。
天聽能力（頁五五）	透過主觀（在心靈中）或客觀（來自於外界）聆聽來接收資訊的心靈能力。
天眼通能力（頁三八）	透過看到記號與符號來接收資訊的心靈能力。
以太體（頁五三）	這具靈軀具有連結肉體與星光體的作用。它能夠吸引**普拉那**（維繫生命的能量）。
以太能量索（頁四二）	在我們睡覺期間將我們的靈魂與肉體連結在一起的銀線，此時我們的靈魂正在靈界造訪以便恢復活力。
以太界（頁三九）	與物質界相鄰的界面，是非物質世界和宇宙的起點。
心智體（頁五三）	階層第二高的靈軀。
心智界（頁四一）	位置較高、就振動而言稠密度最低的界面之一。在這個界面，能量的移動已經超越速度的概念，而各種事物也都不會固定在任何一種形式。
心靈對心靈的溝通（頁一四〇）	請參見下一條「心電感應」。

心電感應（頁一四〇）	透過心靈來傳送與接收訊息和資訊的能力。
化身（頁三一）	靈魂存在於肉體之內的狀態，可同時參考「無形」P298。
五劃	
生命回顧（頁五二）	靈魂在離開肉體以後（透過死亡或瀕死經驗）而經歷的某個過程，在這個過程中，你會親自體會到自己在一生中曾經帶給他人的所有感受。
出生前體驗（頁六四）	對於出生前在地球上或在彼岸的情況記憶。
因果教訓（頁九四）	經過你在靈界的同意，或因為在另一世曾發生某件事，而使得你在這一世註定要學習的課程。
六劃	
死後溝通（頁四三）	又稱為「電話簽帳卡」P298，彼岸的靈魂會將這些記號與信號傳送給我們。這類體驗會以許多形式展現，而且通常都相當私人，但也總是會充滿了愛、喜悅與正向的能量。
死後世界（頁八六）	我們活在地球上的肉體內的時間結束後的存在狀態。
地球（頁三七）	我們在活著的時候所生活的物質界面。
同理心（頁一七九）	能夠明瞭他人的情緒。
共歷死亡經驗（頁八一）	有些人會經歷的一種現象，亦即他們能夠一同體驗到即將往生的人在從這個物質界前往下一個世界時，最初那段轉換的過程。
交界之地（頁四四）	某個平靜、安寧的地方，在這裡我們會感覺自己與神、神靈或上帝更加接近。名稱來自於凱爾特傳說。
肉體（頁二九）	我們生活在物質界（地球）期間所棲息的軀體。
八劃	
直覺（頁五七）	以預感或輕推的形式接收到意料以外的資訊的能力。

九劃	物質界（頁二五）	我們所生活的這個物質世界；地球。稠密度最高的界面。
	星光體（頁五三）	我們在死亡後會轉而存在於星光體這具靈軀中，有些具有天眼通能力的人可以看得到星光體。星光體是星光界的一部分。
	星光界（頁四〇）	我們在死後會受到星光界的吸引。又稱為「夏日勝地」P297。
	指導靈（頁四〇）	來自於靈界的存在，他們會啟發並引導我們度過人生的重要大事，進而在我們的靈性成長方面提供我們幫助。
	神靈（頁二八）	這個詞代表了造物主、神聖之源及宇宙。我們所有人體內都存在著神靈的火花。
十劃	氣場（頁五四）	環繞在所有人事物周遭難以捉摸的能量場。人類的氣場環繞在人體的周圍，其中包含有與我們是誰相關的資訊。
	氣（頁五四）	請參見「普拉那」P298。
	根源（頁一一九）	宇宙、上帝、神靈、造物主、更高的力量的另一種稱呼。
	脈輪（頁九七）	身體的能量中心。有七個主要脈輪（以及許多較小的脈輪）在我們的物質與精神生活中發揮著很重要的作用。
	能量中心（頁九七）	請參見上一條「脈輪」。
	夏日勝地（頁四〇）	請參見「星光界」P297。
十一劃	通靈成長聚會（頁二五四）	又稱為「冥想聚會」，也就是與其他通靈師一群人一起靜坐冥想，學習如何與靈界建立起連結、聯繫和關係。
	通靈資料庫（頁一一八）	對你有特殊私人意義的記憶、影像、標誌與記號。你可以利用你的通靈資料庫來詮釋來自於彼岸的訊息。

	通靈師（頁二五）	與彼岸聯繫，傳遞來自於彼岸資訊的某個人。所有的通靈師都是靈媒，但並非所有靈媒都是通靈師。
十二劃	超覺知力（頁五五）	透過感覺及就是知道資訊來接收資訊的心靈能力。
	超自然電子異象（頁二二二）	以電子手段記錄到的來自於神靈的聲音，但是人類的耳朵聽不見。
	無形（頁五五）	靈魂不在肉體之內的存在狀態；靈人（可同時參考「化身」P296）。
	普拉那（頁五四）	維繫生命的能量，遍布於萬事萬物，包括我們自己在內的宇宙生命力。又稱為「**精神能量**」P298，在傳統中醫中則稱為「**氣**」P297。
十三劃	隔空療癒（頁一四四）	將來自於治療師的精神能量加上療癒的想法，傳送給人在許多公里以外的病患。
	隔空取物（頁一四八）	從靈界跨界帶回物品。
	電話簽帳卡（頁一〇五）	請參見「死後溝通」P296。
	經絡（頁一七四）	身體的內部系統網絡。
十四劃	銀線（頁四二）	請參見「以太能量索」P295。
	精神能量（頁二九）	請參見「普拉那」P298。
十八劃	臨終影像（頁七一）	有些人在就要離開人世前會經歷的現象，也就是他們會遇見神靈來訪。
二十劃	瀕死體驗（頁三六）	人在接近死亡時所經歷的體驗，期間靈魂會離開肉體。

二十四劃	
靈外質（頁一四九）	精神物質；有些通靈師在通靈期間似乎會從身體內流淌出來的一種白色物質。靈外質可能形成一個有形體的靈魂或是靈魂的一部分。
靈媒（頁二八）	能夠取得、接收與傳遞資訊的人，這些資訊來自於某人的氣場，或靈媒所握著的屬於他們幫忙進行感應的那個人的物品（所有的通靈師都是靈媒，但並非所有靈媒都是通靈師）。
靈魂（頁二五）	會與**靈體**（下一條）一詞互換使用。靈魂就是真正的你——是種純粹的意識體。
靈體（頁三〇）	這個詞根據定義意指不再擁有肉體的個體。居住在靈界的就是靈體。
靈人（頁二六）	與位在物質界的我們聯繫的靈魂的另一種稱呼。
靈性體（頁五三）	最高階的靈軀，與進化程度最高的界面相關。靈性體是通靈師與靈魂溝通的媒介。
靈界（頁二五）	我們真正的家，這裡居住著我們已經過世的親人，以及天人、導師、天界居民、指導靈和天使。這個世界的其他名稱包括了**彼岸**、**天國**、**伊甸園**、**永恆之地**及**樓上**。靈界的範圍含括所有的界面。
靈魂對靈魂的聯繫（頁六八）	心電感應的一種形式，也就是在地球上或在彼岸的另一個靈魂與你的心靈建立了連結。

「我們每個人從來都不是真的一個人！」